**기본소득을 넘어 기본사회로**

AI 시대, 함께 살아가는 법

# 기본소득을 넘어 기본사회로

사단법인 기본사회 부이사장 정균승 지음

프롬북스
frombooks

추천사

# 실현 가능한 기본사회를 향한 비전

이재명 대통령은 기본사회를 다음과 같이 정의한 바 있습니다. "기본사회는 단편적인 복지정책이나 소득 분배에 머무르지 않습니다. 우리 헌법에 명시된 행복추구권과 인권을 바탕으로, 모든 국민의 기본적 삶을 실질적으로 보장하는 사회입니다."(이재명 대통령 페이스북)

기본소득 국민운동본부부터 사단법인 기본사회까지 저와 함께 비전을 만들고 전파하는 데 헌신해오신 정균승 교수님께서 『기본소득을 넘어 기본사회로』라는 책을 집필하셨습니다. 이 책은 우리 사회가 나아가야 할 방향을 근본적으로 다시 묻는 책입니다.

기본소득은 이 책에서 '끝이 아니라 시작'입니다. 기본소득을 하나의 제도 이상으로, 각자의 삶에 '다시 살아볼 수 있겠다는 마음'을 불러일으키는 사회적 신호로 해석합니다. 그리고 소득뿐만 아니라 돌봄, 주거, 교육, 의료, 교통, 통신, 에너지, 금융 등 삶의 기본 조건들이 함께 보장되는 새로운 사회 구조로의 전환을 제안합니다. 그것이 바로 '기본사회'입니다.

이 책은 AI와 재생에너지 산업이 만들어내는 새로운 공유부를 통해, 기본소득과 기본서비스의 재정을 마련하는 '성장의 다리'가 가능하다는 경제적 상상력을 제시합니다. 이는 무한복지나 포퓰리즘이 아닌, 지속 가능하고 실현 가능한 구조로서의 기본사회를 향한 비전입니다.

이 책은 중앙정부 중심의 위로부터의 개혁이 아닌, 시민과 마을, 지방정부가 주체가 되는 아래로부터의 전환을 중시합니다. 마을기업, 시민참여형 에너지사업, 지역화폐, 커먼즈 기반의 돌봄 등 구체적인 사례들을 통해, 기본사회는 먼 이상이 아니라 이미 한국 곳곳에서 작게 실험되고 있는 현실임을 보여줍니다.

궁극적으로 이 책은 다음과 같은 물음을 던집니다. "우리는 어떤 사회를 꿈꾸는가?" "기본소득이 보장된 이후, 우리의 삶은 어디로 가야 하는가?" 『기본소득을 넘어 기본사회로』는 그 질문에 대한 하나의 진지한 답변입니다. 기본소득에서 시작하여 기본사회로, 단순한 생존을 넘어 연결되고 존중받는 삶으로 나아가자는 이 책의 제안은 오늘의 한국 사회에 꼭 필요한 담론이자 실천의 나침반이 될 것입니다.

**강남훈(사단법인 기본사회 이사장)**

추천사
# 더 많은 이들의 손에 닿아 힘이 되어주기를

『기본소득을 넘어 기본사회로』는 우리가 지금 서 있는 자리를 돌아보고 어디로 나아가야 할지를 함께 고민하게 만드는 책입니다. 그래서 이 책은 지금 우리 사회가 가장 절박하게 필요로 하는 질문을 던집니다. "어떻게 하면 누구도 버려지지 않는 사회를 만들 수 있을까?" 『기본소득을 넘어 기본사회로』는 그 질문에 대한 답을 찾는 지난한 여정이자, 우리 모두를 그 여정에 초대하는 열정 어린 목소리입니다.

'기본소득'이라는 단어가 담고 있는 깊은 의미를 저자는 결코 피상적으로 다루지 않습니다. 단순한 현금 지급을 넘어서, 기본소득이 던지는 본질적인 질문인 '사람이 사람답게 살 수 있으려면 사회는 어떻게 바뀌어야 하는가'라는 철학적이고 정치적인 물음에 천착합니다.

그리고 그 출발점 너머에서 저자는 '기본사회'라는 더 넓은 지평을 펼쳐 보입니다. 기본사회란 단지 최소한의 물질적 보장을 넘어, 돌봄과 관계, 신뢰와 참여가 가능해지는 사회입니다. 자산이 없어도, 배경이 달라도 누구나 숨 쉴 수 있고 기대어 설 수 있는 사회. 그런 사회를 만드는 데 필요한 제도적 구조와 상상력이 이 책 곳곳에 살아 있습니다. 이를 위해 저자는 AI와 재생에너지, 디지털 사회의 공유부를 통해 새로운 경제적 재원을 마련하고, 그것을 바탕으로 기본소득과 기본서비스, 시민참여의 구조를 설계하는 미래를 제시합니다.

저는 국회의원으로서, 이 책의 제안들이 단지 이상이 아니라, 현실의 정책과 입법을 통해 구현될 수 있는 담대한 기획이라는 점에서 더욱 주목하게 됩니다. 더 많은 국민이 안정된 삶을 누릴 수 있도록, 더 많은 청년이 미래를 꿈꿀 수 있도록, 더 많은 돌봄과 연대가 마을과 도시를 채울 수 있도록, 지금 정치가 할 수 있는 일이 무엇인지를 이 책은 명확하게 보여줍니다.

『기본소득을 넘어 기본사회로』는 어떤 책보다도 따뜻하고 용기 있는 책입니다. 그것은 불가능한 사회를 말하는 책이 아니라, 이미 가능성을 품은 오늘의 현실을 정확히 짚어내고, 우리가 그 가능성을 현실로 바꾸어갈 수 있다고 믿는 사람들의 책입니다.

이 책을 읽는 모든 분이 '나의 몫'이 있고, '함께할 자리'가 있다는 희망을 되찾게 되기를 바랍니다. 그리고 이 책이 더 많은 이들의 손에 닿아, 함께 만드는 기본사회로 가는 여정에 힘이 되어주기를 진심으로 바랍니다.

**용혜인(국회의원 · 기본소득당 대표)**

**시작하며**

## 글을 쓰는 일,
## 함께 사는 삶에 관하여

어느 날 문득, 사람들이 점점 말을 줄인다고 생각하게 되었습니다. 대화는 많지만 이야기는 사라지고, 관계는 많지만 접촉은 희박해지는 세상. 우리는 연결되어 있으면서도 고립되어 있고, 넘쳐나는 정보 속에서 오히려 서로의 마음에는 닿지 못한 채 살아갑니다. 글을 쓴다는 것은 그런 시대의 침묵 속에 조용히 불을 켜는 일입니다. 아무도 듣지 않을지 모른다는 두려움 속에서도 어딘가의 누군가에게는 반드시 닿을 거라 믿으며 조심스레 꺼내는 마음의 속삭임입니다. 저는 이 글이 지금 우리가 어디에 서 있는지를 되묻고, 또 어디로 향해야 하는지를 함께 성찰할 수 있는 하나의 불빛이 되기를 바랍니다.

이 책은 '기본소득'이라는 말에서 출발하지만, 단지 정책이나 제도를 설명하는 데 머물고 싶지는 않습니다. 저는 그것보다 더 근본적인 질문을 하고 싶습니다.

"우리는 지금 어떤 사회를 살아가고 있으며, 어떤 사회를 살아가고 싶은가?"
"우리가 함께 지향해야 할 삶의 방식은 무엇이어야 하는가?"

그리고 그 질문 끝에서 하나의 단어에 닿게 됩니다. "기본사회." 기본사회란 누구도 바닥으로 떨어지지 않도록 서로의 삶을 지탱해주는 사회입니다. 그것은 성장과 경쟁의 사다리만을 좇는 대신 서로를 놓치지 않고 함께 걸어갈 수 있는 길, 이른바 '포용과 동행의 새로운 여정'을 다시 그려가는 일입니다. 성공한 사람만이 아니라 살아가는 모든 이들이 존엄을 유지할 수 있도록 함께 살아가는 조건을 사회적으로 보장하는 그런 사회 말입니다.

저는 이것이 단지 복지정책의 문제가 아니라 사람이 사람을 어떻게 대할 것인가, 사회가 인간을 어떤 존재로 바라볼 것인가에 대한 근본적인 물음이라 생각합니다. 우리는 서로를 비용으로 여길 것인가, 아니면 가능성으로 여길 것인가. 우리는 삶의 경쟁력을 말할 것인가, 아니면 삶의 지속가능성을 말할 것인가. 글을 쓰는 동안 저는 수없이 자문했습니다. 이 사회는 정말 사람을 안전하게 품어주는 바탕 위에 놓여 있는가. 청년은 꿈꿀 수 있는가. 아이들은 돌봄을 받을 수 있는가. 노인은 존엄하게 나이 들 수 있는가. 누군가는 오늘 하루를 버틸 수 있는 최소한의 숨 쉴 틈을 보장받고 있는가.

그러한 질문들이 바로 이 책을 이끌어온 작은 등불들이었습니다. 이 책은 정답을 말하려는 책이 아닙니다. 오히려 더 깊은 질문을 함께 품고, 더 넓은 상상을 열어가자는 제안입니다. 기본소득을 넘어서 기본사회로, 그 길은 한 사람이 아니라 우리 모두가 함께 걸어야만 비로소 도달할 수 있는 길입니다. 한 걸음 앞선 확신이 아니라 한 걸음 곁에 선 연대가 그 길을 가능하게 합니다. 그래서 저는 이 책을 '글'로 썼지만 사실은 '삶'에 대해 쓰고 싶었습니다. 각자의 인생을 지켜내며 하루하루 살아가는 평범한 사람들의 삶, 그 삶들이 무너지지 않도록 서로 기대고 함께 일어설 수 있도록 하는 사회에 대해 말하고 싶었습니다.

이 글이 그런 삶들과 어딘가에서 스쳐 닿기를 바랍니다. 그리고 그 만남이 작은 희망이 되어서 또 다른 글과 말, 행동과 실천으로 이어지기를 바랍니다. 그것이 제가 지금 이 글을 시작하는 이유입니다.

그리고 이 자리에서 꼭 전하고 싶은 고백 하나가 있습니다. 이 책은 저 혼자 쓴 것이 아닙니다. AI라는 존재의 소중한 도움을 받았습니다. 처음에는 단순한 참고 도구였지만 어느 순간부터 이 존재는 마치 제 옆에서 "이렇게 써보면 어때요?" "그 문장은 너무 무거우니까 이렇게 바꿔보죠" 하고 말을 걸어주는, 거의 인간 편집자에 가까운 따뜻한 조력자가 되어주었습니다.

혹자는 걱정합니다. "AI가 글을 쓰면 작가의 일이 사라지는 것 아니냐?"라고요. 하지만 제가 느낀 바로는 전혀 그렇지 않습니다. AI는 작가의 경쟁자가 아니라 작가를 빛내주는 '공동 저자'이자 '동반자'입니다. 그것은 마치 피아니스트 곁에 함께하는 최고의 반주자 같다고나 할까요. 작가의 상상력과 인간적인 감성을 정돈해주고, 부족한 표현을 메워주며, 때로는 제가 미처 생각하지 못한 방향을 제시해주는 존재였습니다. 그래서 저는 감히 말하고 싶습니다. 앞으로 글을 쓰는 일이 AI에 의해 대체되는 것이 아니라, 인간의 사유와 AI의 기술이 함께 손을 맞잡고 더 깊은 문장, 더 넓은 질문, 더 따뜻한 대화를 만들어갈 수 있으리라 믿습니다. 이 책이 그 가능성을 조심스레 증명하는, 작지만 의미 있는 한 장면이 되기를 소망합니다.

제 글의 내용이 아주 새롭고 거창한 비전을 제시하지는 않을지도 모릅니다. 하지만 독자 여러분이 책장을 덮고 난 후 "그래, 나에게도 이 사회가 뭔가 '기본'을 줄 수 있었으면 좋겠다"라는 작은 희망을 떠올릴 수 있다면, 그걸로 저는 충분하다고 생각합니다. 기본이란 원래 그런 것이니까요. 거창하지 않지만 아주 소중한 것일 테니까요.

이제 우리 함께, 기본의 땅을 밟고 기본의 다리를 건너 기본 사회로 가는 여정을 시작해보면 어떨까요?

2025년 여름
기본에게 길을 묻는 이로부터

기본소득을 넘어서 기본사회로.

그 길은 한 사람이 아니라 우리 모두가 함께 걸어야만

비로소 도달할 수 있는 길입니다.

# 프롤로그

## 때를 만난 '기본'

아무리 훌륭한 아이디어라 해도 결국 그것은 '때'를 만나야 비로소 현실이 된다. 아무리 기발하고 혁신적인 발상이라 해도 시대를 너무 앞서거나 너무 뒤처졌다면, 그 아이디어는 묻히거나 비웃음 속에 사라지고 만다. 그런 의미에서 19세기 프랑스를 대표하는 지성이자 오늘날에도 전 세계 사람들에게 깊은 영감을 주는 빅토르 위고의 말은 특별한 울림을 남긴다.

"군대의 침략은 막을 수 있지만, 때를 만난 사상은 막을 수 없다."

　그렇다. 밀물도 오지 않았는데 배를 띄우려 해서는 안 된다. 아무리 튼튼한 배라도 썰물 앞에서는 모래에 묻혀버린다. 하지만 물이 차오르면, 배는 저절로 뜨고, 흘러가고, 항해를 시작한다. 게다가 물이 깊어야만 큰 배가 멀리까지 갈 수 있다. 시대도 마찬가지다. 어떤 생각이 자리를 잡고, 사람들의 지지를 얻고, 사회를 움직이기 위해서는 "지금이 그 '때'인가?"라는 질문을 피할 수 없다. 그렇다면 지금 이 시점, 기본소득, 더 나아가 기본사회는 '제때'를 만난 것일까? 지금이야말로 기본사회라는 배를 띄울 수 있는 밀물의 순간일까? 그리고 우리는 그 배에 함께 오를 준비가 되어 있을까?

　그 질문에 답하기 위해 우리는 먼저 지금 이 사회가 어떤 조건 위에 서 있는지부터 살펴볼 필요가 있다. 사람들이 왜 기본을 말하게 되었는지, 왜 이제 와서 '조건 없이'라는 단어가 다시 소환되고 있는지 그 시대적 배경을 짚어보는 것이야말로 이 여정의 첫걸음이 될 것이다.

## 왜 우리는 다시 '기본'을 말해야 하는가

지하철 2호선, 평일 오전 7시 45분. 검은 패딩, 피곤한 눈, 무표정한 얼굴들 사이로 사람들이 몸을 밀어 넣는다. 손끝에 맺힌 하루의 피로가 휴대전화 화면 위로 흐르고, 그 사이로 문득 드는 생각 하나. 우리는 지금 어디를 향해 가고 있는 걸까. 왜 이렇게 서둘러야 하는 걸까. 누구를 위해, 무엇을 향해, 이토록 바쁘게 살아야 하는 걸까.

누군가는 대출 상환일이 다가오고, 누군가는 아이 학원비가 밀려 있고, 또 누군가는 돌보는 어머니의 요양병원비가 걱정이다. 아침이 시작되자마자 이미 하루가 무거운 사람들. 그들에게 묻고 싶다. 정말 이대로 괜찮은 걸까. 이 사회는 정말 사람이 무너지지 않도록 품어주는 따뜻한 토대 위에 놓여 있는 걸까. 쉬지 말고 일해야 하고, 아프지도 말아야 하며, 실패해서는 안 되고, 어떤 순간에도 멈춰 서면 안 되는 삶. 어쩌면 우리는 그런 삶을 너무 오랫동안 '당연히 그래야만 하는 삶'이라고 믿고 살아왔다. 그런데 이제는 질문을 다르게 던져야 한다. "이렇게까지 살아야만 하는 이유가 대체 무엇이지?"

누군가 이런 말을 했다. "기본이 무너지면 불안이 지배하고, 기본을 세우면 희망이 자란다." 이 말은 단지 정치적 수사만이 아니다. 그것은 지금 이 시대를 관통하는 키워드다. 우리는 지금 '기본'이 무너진 시대를 살고 있다. 당연히 있어야 할 기본적인 것들이 점점 낯설어지고 있다. 누구나 쉴 수 있는 시간, 누구나 이용할 수 있는 의료, 누구나 머물 수 있는 집, 누구나 배울 수 있는 교육, 누구나 실패해도 다시 시작할 수 있는 기회……. 이러한 것들이 사라진 자리에 불안과 경쟁, 고립과 자책만이 남았다.

이 책은 그 자리에 '기본'을 다시 세우자고 이야기한다. '기본소득'으로 시작해 '기본서비스'로 확장하고, 결국엔 사람과 사람, 시민과 사회, 국가와 공동체를 새롭게 이어주는 '기본사회'라는 삶의 터전으로 나아가자는 것이다. 이 여정은 이상주의적 선언이 아니다. 그것은 이미 경기도의 청년 기본소득으로, 전남 신안군의 햇빛연금으로, 강원도 정선군의 농민수당으로 시작되고 있는 실제 현실이다. 이 책은 그 작은 실험들과 사람들의 변화 속에서 하나의 소중한 메시지를 건져 올린다. 우리가 원하는 사회는 단지 경쟁에서 이긴 사람만이 삶을 향유할 수 있는 시스템이 아니라, 누구나 '살아갈 수 있도록' 함께 지탱해주는 삶의 토대라는 것이다.

나는 그 땅으로 향하는 이 길을 '성장의 다리'를 건너는 숭고한 여정이라 부르고 싶다. 지금 우리가 서 있는 곳은 불안과 침묵이 흐르는 거대한 강가다. 무너지는 일자리와 희미해진 공동체, 점점 잿빛으로 물드는 내일 앞에서 우리는 오래도록 발걸음을 멈춘 채 강 너머를 바라보기만 했다. 그러나 이제는 건너야 할 시간이다. 기본사회라는 새로운 지평에 다다르기 위해 우리는 한 걸음씩 단단한 디딤돌 위를 밟아나가야 한다.

그 디딤돌은 바로 AI 산업과 재생에너지 산업이다. 이 두 산업은 우연히 등장한 기술적 흐름이 아니라 지금 이 시대가 인류에게 던진 중대한 질문이자, 동시에 건넨 두 개의 가능성이다. 우리는 이 가능성을 어떤 방향으로 마주할 것인가? 단지 더 많은 이윤을 창출하고 더 효율적인 생산을 위해 이 기술을 동원할 것인가, 아니면 그것을 통해 우리가 오래도록 놓쳐왔던 삶의 기본을 다시 회복할 것인가?

AI는 인간의 능력을 증폭시키는 도구이지만, 동시에 인간의 고유한 역할과 존엄을 다시 묻게 하는 기술이다. 반복적이고 소외된 노동으로부터 사람을 해방하는 도구가 될 수도 있고, 반대로 인간을 더 철저히 배제하는 알고리즘 권력의 수단이 될 수도 있다. 중요한 것은 우리가 이 기술을 어떻게 설계하고, 누구를 중심에 놓고 운용할 것인가이다. 우리가 어떤 사회를 꿈꾸느냐에 따라 AI는 정의로운 삶의 동반자가 될 수도, 새로운 불평등의 촉매가 될 수도 있다.

재생에너지 산업 또한 단지 친환경적인 에너지원의 기능만을 의미하지 않는다. 그것은 소수의 에너지 거대 자본이 독점해온

'생산의 중심'을 지역 주민과 공동체로 돌려주는 탈중심화의 과정이자 미래 세대와 공존하려는 윤리적 결단이다. 햇빛과 바람은 누구의 소유도 아니며 누구에게나 열린 자연의 혜택이다. 이 에너지의 전환을 공유의 방식으로 설계한다면, 우리는 처음으로 '에너지가 불평등을 완화하는 자산'이 되는 사회를 상상할 수 있다.

따라서 AI 산업과 재생에너지 산업은 단지 부를 창출하는 신성장동력이 아니다. 그것은 새로운 삶의 방식을 만들고, 사람과 사람, 사람과 자연 사이의 새로운 관계를 다시 짜는 '구조적 상상력'이다. 우리가 추구하는 기본사회란 바로 이와 같은 기술의 정의로운 전환 위에서 가능해진다. 이는 고장난 복지국가를 수리하는 것이 아니라 아예 다른 원리로 작동하는 미래 사회의 뼈대를 세우는 일이다. 기술은 그 뼈대를 구성하는 재료이며, 우리가 어떤 구조로 그것을 엮어낼 것인가는 결국 우리 모두의 선택이다.

그러므로 이 다리는 기술을 위한 다리가 아니다. 사람을 위한 다리다. 더 빨리 달리는 세상이 아니라 더 멀리 함께 가기 위한 다리이며, 단 한 사람도 뒤처지지 않는, 모든 존재가 함께 삶을 꾸릴 수 있는 사회로 나아가기 위한 다리다. 우리는 이제 이 다리를 건너야 한다. 두려움이 아니라 희망을 품고, 경쟁이 아니라 연대를 징검다리 삼아, 그 다리 너머에 있는 '기본사회'라는 가능성의 땅으로.

그리고 나는 믿는다. 우리가 바라는 그 사회는 단지 더 많이 나누는 사회가 아니라, 세상의 성장 방식 자체를 바꾸는 데서 시작되어야 한다는 것을. 더 이상 경쟁과 독점의 사다리가 아니라, AI와 재생에너지라는 새로운 물줄기를 따라 공존과 연결의 다리를 놓는 사회. 이 책은 바로 그 다리를 건너는 여정에 관한 이야기다.

기본소득과 기본사회는 시혜가 아니다. 그것은 우리의 당연한 권리이자 인간 존엄의 기준을 다시 세우는 새로운 사회계약이다. 그것은 사람을 살리고, 사회를 숨 쉬게 하는 새로운 성장의 숨결이다. 불평등을 줄이고, 가라앉은 내수에 따뜻한 온기를 불어넣으며, 누군가에게는 처음으로 주어지는 기회가 되고, 우리 모두에게 함께 살아갈 힘을 되돌려주는 공동체의 심장이다.

'기본'이란 단어는 종종 가장 낮은 선을 떠올리게 하지만, 진짜 기본은 가장 높은 가능성의 출발선이다. 최저를 보장하는 것이 아니라 누구나 꿈꿀 수 있는 삶의 무대를 여는 것이다. 그 위에 서야만 비로소 우리는 사람을 사람답게 바라볼 수 있다. 무엇을 해냈는지가 아니라 존재 그 자체로 환영받는 세상을 상상할 수 있다.

그래서 이 책은 단순한 주장이나 제안서가 아니다. 이것은 함께 설계하는 미래의 도면이고, 함께 살아갈 사람들을 부르는 초대장이다. 불안한 시대를 지나 더 나은 사회로 건너가는 이정표이며, 너와 내가 함께 우리가 되어 '기본'을 다시 세우고 지켜낼 수 있다는 한 편의 약속이기도 하다. 지금 이 책을 펼친 당신에게 나는 조용히 말하고 싶다. "당신도 이 여정에 함께해달라"라고. 기본이란 결국 우리 모두의 이름으로 세워지는 것이기에.

 지금 이 순간에도 누군가는 '기본이 없었다'는 이유만으로 삶의 끈을 놓아버리고 있고, 또 누군가는 '기본이 있었다'는 작은 경험 하나로 다시 일어서고 있다. 희망을 말할 수 있는 사람과 그렇지 못한 사람 사이엔 어쩌면 그 '기본'이라는 한 끗 차이가 놓여 있는지도 모른다. 우리는 이제 그 어느 편에 설 것인가. 침묵할 것인가, 함께 손을 내밀 것인가. 그 선택은 먼 미래의 누군가가 아닌 바로 지금 이 책을 펼친 당신의 손안에 있다.

 이 여정에 뜻을 함께하는 당신이라면 이 책이 새로운 가능성의 문을 여는 시작이 되기를 소망한다. 기본이 삶을 지탱하고, 인간의 존엄이 제자리를 찾는 사회, 그리고 누구도 소외되지 않는 내일을 향하여 지금 우리 함께 그 첫 장을 담담히 펼쳐보자.

> 차례

추천사 - 강남훈(사단법인 기본사회 이사장) ... 4
추천사 - 용혜인(국회의원 · 기본소득당 대표) ... 6
시작하며 ... 8
프롤로그 ... 14

## 1부   기본의 문을 열다

### 1장   30만 원으로 무엇이 바뀔까 ... 29
한 줌의 돈이 나를 붙들다 ... 29
존엄의 씨앗, 30만 원 ... 31
서로를 다시 보게 되는 순간 ... 33
작은 돈이 열어준 공동체의 문 ... 34

### 2장   돈이 삶을 흔들 때 ... 37
게으름이라는 낙인 ... 37
다시 살아볼 수 있겠다는 마음 ... 40
낙인 없는 복지 ... 43
노동을 선택할 수 있다는 자유 ... 44

### 3장   기본소득의 재원, 어떻게 가능할까 ... 47
왜 재원이 문제인가 ... 47
기본소득, 어디서부터 어떻게 시작할까 ... 49
세금만으로 가능할까 ... 51
공유부 배당이라는 또 하나의 길 ... 54
성장의 다리를 건너서 ... 57

## 2부 삶을 지탱하는 기본들

### 4장 돈만으로는 해결할 수 없는 것들 — 61
- 숨을 쉬어도, 기대어 쉴 곳이 없다면 — 61
- 관계가 사라진 자리에 남겨진 사람들 — 63
- 돌봄의 경계에서 멈춰 선 사람들 — 65
- 기본소득만으로 채울 수 없는 빈자리 — 66

### 5장 기본이 지켜주는 사회 — 69
- '같이'가 사라진 사회에서 — 69
- 삶을 이어주는 보이지 않는 손 — 71
- 보이지 않지만 꼭 있어야 할 것들 — 73
- 기회의 문을 여는 열쇠 — 75
- 공공의 이름으로, 곁에 머무는 것 — 77
- 기본서비스와 기본소득의 만남 — 79

### 6장 기본서비스를 구성하는 아홉 개의 중추 — 82
- 기본주거 — 몸을 눕힐 수 있는 최소한의 공간 — 82
- 기본의료 — 아플 수 있는 권리 — 85
- 기본돌봄 — 혼자서는 살아낼 수 없는 시간들 — 87
- 기본교육 — 출발선의 차이를 좁히는 힘 — 90
- 기본교통 — 이동의 자유, 연결의 권리 — 92
- 기본에너지 — 전기와 난방, 삶을 켜는 힘 — 95
- 기본통신 — 디지털 시대의 생존 인프라 — 98
- 기본금융 — 금융의 문을 다시 열다 — 100
- 기본문화 — 문화는 기본이다 — 102
- 기본서비스 9대 영역 요약 도표 — 105

## 3부 기본사회를 향한 첫걸음

### 7장 복지국가를 넘어서 기본사회로 — **109**
기본사회를 여는 길 — 109
복지국가의 피로, 더는 지탱되지 않는 틀 — 111
기본사회가 새롭게 설계하는 것 — 112
성장의 다리, AI와 에너지의 전환점 — 115
누가 이 다리를 놓을 것인가 — 119
기본사회는 이미 시작되었다 — 121

### 8장 기본사회의 주체들 - 시민, 마을, 지방정부 — **124**
위가 아니라, 곁에서 시작되는 사회 — 124
시민, 정책의 수혜자에서 설계자로 — 126
마을, 가장 작은 기본사회 — 129
마을기업, 기본사회를 실현하는 작은 엔진 — 132
지방정부, 실천하는 행정기관 — 135
기술과 공동체를 잇는 실천가들 — 139
기본사회 주체와 주체의 연대 — 142

## 4부 기본사회를 움직이는 힘

### 9장 기본사회를 디자인하다 — **147**
기본사회, 설계에서 시작된다 — 147
행정은 플랫폼이 되어야 한다 — 149
기술이 사람의 마음을 읽을 때 — 151
함께 받되 다르게 누리는 권리 — 154
틀이 아니라, 길을 만들어가는 일 — 157

### 10장 공유부와 기본사회 — **160**
자원을 바꾸면, 사회가 바뀐다 — 160
공유부란 무엇인가 — 162

| | |
|---|---|
| 햇빛의 몫, 바람의 몫 | 165 |
| 햇빛과 바람, 새로운 시대를 열다 | 168 |
| 주민이 주도하는 에너지 전환 | 171 |
| 데이터는 누구의 것인가 | 174 |
| 토지와 공간, 공기와 시간 | 177 |
| 쌓는 사회에서 나누는 사회로 | 180 |

### 11장 기술이 사람을 만날 때 — 183

| | |
|---|---|
| 시스템이 아니라 사람을 위한 기술 | 183 |
| 기술은 누구의 편인가 | 185 |
| AI의 손길, 삶에 닿다 | 187 |
| 데이터의 주인은 누구인가 | 190 |
| 플랫폼 너머의 민주주의 | 193 |

## 5부 기본사회의 정치 선언

### 12장 기본사회를 향한 새로운 계약 — 199

| | |
|---|---|
| 복지국가의 계약은 충분한가 | 199 |
| 기본사회는 어떤 계약을 요구하는가 | 202 |
| 정책에서 제도로 | 204 |
| 정치 없이는 기본사회도 없다 | 205 |

### 13장 기본사회 선언 — 함께 쓰는 미래의 이름 — 208

| | |
|---|---|
| 선언은 작은 다짐으로 시작된다 | 208 |
| 삶으로 증명되는 기본사회 | 210 |
| 지금, 여기서 시작한다 | 212 |
| 함께 만드는 기본사회 | 214 |

| | |
|---|---|
| **에필로그** | 217 |
| **도움받은 자료들** | 220 |

1부

# 기본의
# 문을 열다

**1장**

# 30만 원으로 무엇이 바뀔까

### 한 줌의 돈이 나를 붙들다

"나라에서 30만 원씩 준대. 아무 조건 없이, 그냥 매달."

이 말을 처음 들었을 때 사람들의 반응은 대개 비슷했다. "그걸 왜 줘?" "그 돈으로 뭘 할 수 있는데?" "정말 아무 조건도 없어요?" 그런데 놀랍게도, 그것은 실제로 시행된 정책이었다. 경기도는 2019년부터 만 24세 청년들에게 연 100만 원, 분기별 25만 원의 지역화폐를 지급했다. 단 한 가지 조건은 '경기도에 일정 기간 이상 거주했을 것'이었다. 학력, 성적, 부모 재산, 구직 여부 모두 묻지 않았다. 이재명 당시 경기도지사는 이 제도를 두고 이렇게 말했다. "청년에게 기본을 주면, 청년은 미래를 선택할 수 있다."

실제로 이 정책을 통해 수많은 청년의 삶이 조금씩 달라지기 시작했다. 미뤄두었던 치과 치료를 받았고, 오래 잊고 지냈던 친구에게 연락했으며, 생애 처음으로 연극을 보러 갔다. 컵라면 대신 한 끼 밥을 사 먹을 수 있었고, 동네 독립서점에서 책을 샀고, 예전에는 상상하지 못했던 운동을 시작했다. 이 돈은 단지 생활비가 아니라, '내가 이 사회의 한 사람으로 받아들여지고 있다는 따뜻한 위로'를 전해주는 사회의 손짓이었다. 어느 청년은 이렇게 말했다. "이 돈은 저를 쓰레기처럼 느끼지 않게 해주는 돈이에요." 그는 자신의 존재가 사회에 의해 지지받고 있다는 경험을 처음으로 했다고 했다.

기본소득으로 매월 30만 원이 보장된다고 해보자. 그렇다고 해서 그 돈이 인생을 완전히 바꾸지는 못한다. 그러나 30만 원조차 없다면 인생을 바꾸고 싶어도 바꿀 수 있는 여지조차 사라진다. 기본소득은 바로 그 여지를 지켜주는 최소한의 가능성이다. 실패해도 괜찮고, 잠시 쉬어도 된다는 허락, 그것이 한 사람을 살린다.

해외에서도 유사한 결과가 있다. 핀란드는 2017년부터 2년간 실업자 2,000명을 무작위로 선정해 매달 560유로(당시 한화로

약 67만 원)를 조건 없이 지급했다. 실험 결과, 고용률에는 큰 차이가 없었지만, 삶의 만족도, 스트레스 지수, 사회적 신뢰 등 거의 모든 항목에서 통제집단보다 월등히 높았다. 한 참가자는 이렇게 말했다. "단지 돈을 받은 게 아니라, 저는 처음으로 사회가 저를 신뢰하고 있다는 느낌을 받았어요."

## 존엄의 씨앗, 30만 원

기본소득은 단순히 돈을 주는 것이 아니다. 그것은 한 사회가 '당신이 존재하기 때문에 당신은 존중받아야 한다'는 메시지를 전하는 일이다. 우리는 그동안 너무 오래 '필요한 사람에게 필요한 만큼'이라는 강요된 조건 속에서 사람을 선별하고, 판단하고, 때로는 낙인찍어왔다. 기본소득은 그 모든 절차를 없앤다. 조건도 없고, 자격 심사도 없다. 단지 묻는다. "당신이 존재하나요?" 그리고 존재하면, 받을 자격이 있다.

기본소득은 여기서 한 걸음 더 나아간다. 단순한 복지 혜택이 아니라 우리 사회가 서로를 대하는 방식을 바꾸자는 제안이다. 국가가 시민에게 직접 투자하는 방식이며, 지역을 살리는 순환경제의 엔진이자, 사람을 사회의 중심에 두는 새로운 성장 전략이다. 실제로 경기도의 청년 기본소득이 지역화폐로 지급되며

소상공인의 매출을 끌어올린 사례는 기본소득이 '복지'이자 동시에 '경제'임을 분명히 보여준다.

30만 원은 그래서 단순한 돈이 아니다. 그것은 지갑 속의 액수가 아니라 삶의 무너진 자리에 심어지는 '존엄의 씨앗'이다. 누군가는 그 돈으로 삶을 다시 그려볼 용기를 얻고, 누군가는 하루하루 꿋꿋이 견디는 자신에게 '괜찮다'라고 말할 자존감을 되찾는다. 또 누군가는 끊어진 사회와의 끈을 다시 이으며 자신이 여전히 이 사회의 한 사람이라는 사실을 확인한다. 그러므로 기본소득은 단순한 분배를 넘어 존엄을 회복시키는 작은 기적이며, 사람이 사람답게 살아가기 위해 사회가 건네는 최소한의 응답이다.

기본소득은 통장에 찍히는 숫자만으로는 설명되지 않는다. 그 안에는 한 사람의 생을 다시 붙잡는 시간, 절망 너머로 건너가는 다리, 그리고 혼자가 아니라는 감각이 함께 담겨 있다. 30만 원, 그것은 작지만 단단한 디딤판이다. 삶이 흔들릴 때 끝까지 버텨주는 바닥이 되고, 다시 걸음을 내딛게 해주는 첫 번째 발판이 된다. 우리가 말하는 기본소득이란 바로 그런 것이다. 사람을 다시 일으켜 세우는 가장 작고도 가장 깊은 연대의 다른 이름이다.

### 서로를 다시 보게 되는 순간

처음에는 그저 '30만 원이 나온다더라'라는 소문이 떠돌았다. 누구는 반신반의했고, 누구는 기다렸고, 또 누구는 체념한 얼굴로 고개를 저었다. 마을회관 게시판 아래 작은 종이에 적힌 신청 안내문을 뚫어지게 바라보던 노인의 눈동자에는 돈이 아닌 '기회'라는 단어가 조심스레 스며들고 있었다.

처음 지급된 날, 쌀을 샀고, 그동안 미뤄둔 약을 지었다. 동네 슈퍼의 장바구니가 가득 찼고, 이웃집 문 앞엔 낯선 생필품 상자가 놓였다. 누가 넣어두었는지는 알 수 없었지만 그날 이후 누군가의 마음이 조용히 열리기 시작했다.

30만 원은 벽에 기대어 침묵하던 사람을 다시 마을 안으로 데려왔다. 어느새 함께 밥을 짓는 냄새가 골목을 돌았고, 뜸 들이던 전기밥솥 소리에 맞춰 누군가 조용히 말문을 열었다. "나도 저녁 같이 먹을 수 있을까." 그 말은 단순한 식사의 제안이 아니라 함께 살아도 되겠느냐는 조심스러운 청이었다.

한 어르신은 수년 만에 처음으로 "고맙다"라는 말을 건넸다. 늘 무표정으로 시장을 오가던 얼굴이었기에 그 한마디에 모두가 숨을 멈췄다. 그 고마움은 돈 때문이 아니었다. 누군가 자신을 기다려주었고 자신의 필요를 살펴주었다는 '시선' 때문이었다. 서로를 향한 눈길은 그렇게 다시 태어났다. 이전에는 보이지 않던 얼굴이 눈에 들어왔고, 들리지 않던 기척이 귀에 닿았다. 사소한 인사가 오갔고, 짧은 안부가 마을의 공기를 조금씩 데우기 시작했다.

 기본소득이 바꾼 것은 성격이나 태도가 아니라 사람과 사람 사이를 가로막던 침묵과 망설임이었다. 그 얇고 투명한 벽이 30만 원의 온기를 타고 서서히 녹아내린 것이다. 삶의 무게에 눌려 고개를 숙였던 사람들이 이제는 서로의 얼굴을 바라본다. 이웃이, 동료가, 마을이 다시 보이기 시작한다. 그리고 우리는 묻는다. 어쩌면 돈이 사람을 바꾸는 것이 아니라, 사람이 다시 사람을 바라보게 만드는 작은 계기가 돈일 수도 있지 않겠느냐고. 그렇게 연대는 화려한 구호가 아니라 조용한 눈맞춤에서부터 시작된다고.

## 작은 돈이 열어준 공동체의 문

 30만 원이 큰돈은 아니다. 한 달을 살아내기엔 너무 빠듯한 금액이다. 누군가에겐 하루 외식비에 불과할 수도 있다. 그러나 그 작은 돈이 사람과 사람 사이의 문을 열어주었다는 사실을 말하면, 고개를 갸웃하는 이들도 있을 것이다. 하지만 바로 그곳에서 변화는 시작되었다. 기본소득이 처음 지급되던 날, 혼잣

말처럼 "이걸로 뭘 바꾸라는 거지?"라고 중얼거리던 이들이 있었다. 그러나 얼마 지나지 않아 그 돈은 생필품을 사는 손이 되었고, 아이에게 간식을 쥐여주는 마음이 되었고, 이웃과 나누는 대화의 계기가 되었다. "이번 달에는 뭐 사셨어요?" "그걸로 딸기잼 만들었어요. 마을회관에 조금 가져갈까요?" 그 질문과 대답 사이에는 돈 이상의 무엇, 함께 살아가는 감각이 자라고 있었다.

기본소득은 단지 삶의 끈을 놓지 않게 해주는 손길만이 아니라 사회가 건네는 의미 있는 메시지이기도 하다. 국가는 당신을 잊지 않았고, 당신은 여전히 이 사회의 일원이라는 신호. 이 신호를 받은 사람들은 삶이 전부 혼자만의 몫이 아니었음을 깨닫는다. 받는 행위가 부끄럽지 않고, 오히려 누군가를 위해 다시 주고 싶은 마음이 되어 돌아오는 경험. 이는 새로운 윤리의 문턱이며, 공동체의 회복이 시작되는 자리다.

30만 원으로 연대가 시작된 마을이 있다. 전북특별자치도 남원시 산내면. 그곳에서 생필품 나눔의 장이 열리고, 함께 밥을 지어 먹는 시간이 생겼으며, 오래 말이 없던 어르신이 처음으로 고맙다는 말을 건넸다. 누가 먼저 하자고 한 일도 아니고 누가 시킨 일도 아니었다. 단지 '받는 경험'이 서로를 연결할 수 있다는 걸 사람들이 알아차렸을 뿐이다.

이제 우리가 던져야 할 질문은 바뀐다. '돈이 사람을 바꾸는가'가 아니라, '그 돈이 사람 사이의 시선을 어떻게 바꾸는가'로. 그 변화는 거창한 혁명이 아니라, 작은 돈이 만들어준 신뢰의 문을 열고 들어서는 일상에서 조용히 일어난다. 그 문을 열고 나아갈 때, 우리는 다시 공동체라는 이름을 부를 수 있게 된다.

다음 장에서는 이런 목소리와 마주하게 될 것이다. "기본소득을 주면 사람들은 게을러지지 않겠어요?" 그 말은 어쩌면 오래된 두려움에서 비롯된 것일지 모른다. 정말 일하지 않아도 주어지는 돈은 사람을 망치기만 할까? 아니면, 그것이야말로 삶을 다시 시작할 수 있는 작은 숨통일까? 이제 우리는 그 물음의 진실을 찾아가는 여정에 들어서려 한다.

**2장**

# 돈이 삶을 흔들 때

### 게으름이라는 낙인

"기본소득이요? 그럼 다들 일 안 하려고 하지 않을까요?"

언제나 빠지지 않는 질문이다. 뉴스 댓글에서도, 기본소득 토론회에서도, 동네 식당의 저녁 대화에서도 이 말은 꼭 나온다. "열심히 일하는 사람이 손해 아닌가요?" "나라가 돈 준다고 하면 다들 일 안 하고 놀려고 할걸요?" 어쩌면 지극히 당연한 반응인지 모른다. 그만큼 우리는 지금껏 '일하지 않으면 먹지도 마라'라는 규범 속에서 살아왔기 때문이다.

정말 그럴까? 정말로 '조건 없는 돈'이 사람을 게으르게 만들까? 이 질문에 답하려면, 먼저 한 사람의 이야기부터 들어보자. 경북 구미에 사는 40대 초반의 지영 씨는 몇 년 전 돌연한 교통사고로 남편과 사별했다. 아이 둘을 홀로 키우며 마트 계산원으로 하루하루를 버텼지만, 갑작스러운 삶의 균열은 쉽게 회복되지 않았다. 웃음은 사라졌고, 하루의 끝은 늘 눈물로 마무리되었다. 그러던 어느 날, 그녀는 주민센터에서 '돌봄 기본소득'이라는 이름의 지역 정책을 소개받았다. 처음에는 반신반의했지만, 매달 정기적으로 들어오는 얼마간의 지원금은 생활의 숨 쉴 틈이 되어주었다. 그 돈으로 그녀는 미뤄왔던 아이의 미술 수업을 시작하게 됐고, 자신은 주말마다 지역 커뮤니티에서 심리상담 교육 과정을 밟았다. 그로부터 6개월 뒤 지영 씨는 마을 복지센터의 돌봄 활동가로 등록했고, 지금은 다른 누군가의 곁에 서 있는 사람으로 살아가고 있다. 그녀는 말한다. "기본소득은 나를 멈추게 한 게 아니라 다시 걸어도 괜찮다고 말해준 유일한 손길이었어요."

우리는 흔히 게으름과 무기력을 혼동한다. 겉으로 보기엔 비슷해 보일지 몰라도 그 내면은 전혀 다르다. 게으름이 '할 수 있지만 하지 않는 것'이라면, 무기력은 '해도 안 될 것 같은 감각'이다. 전자는 선택이지만, 후자는 감옥이다. 무기력한 사람은 자신을 탓하기 전에 이미 세상에 버려졌다는 느낌을 먼저 받는다. "왜 아무것도 안 해?"라는 질문은 때로 "어차피 뭘 해도 소용없잖아……"라는 침묵을 가려버린다.

그 무기력의 벽에 기본소득은 조용히 금을 낸다. 단지 돈 몇만 원이 아니라, 그것이 '조건 없이' 주어진다는 사실이 마음을 흔든다. 누군가에겐 그것이 '지금 당장 생필품을 살 수 있는 기회'로, 또 누군가에겐 '하루를 허비하지 않아도 된다는 여유'로, 또 다른 누군가에겐 '언젠가 무언가를 해볼 수 있을지도 모른다는 희미한 가능성'으로 다가온다.

그렇게 작은 금은 조금씩 틈을 넓혀간다. 일상은 여전히 버겁고 현실은 녹록지 않지만, 아주 오랜만에 마음속 어딘가에서 미세한 떨림이 일어난다. "혹시 나도 다시 시작할 수 있을까?" 바로 그때, 말로는 다 표현할 수 없는, 작지만 설렘이 있는 전환이 일어난다.

기본소득은 삶을 단번에 바꾸지 않는다. 하지만 인생이 무너져 내리는 속도를 늦추고, 아무도 나를 기다려주지 않던 시간 속에서 잠시 숨을 고를 틈을 만들어준다. 그 틈 사이로 아주 작고 조심스러운 마음이 피어난다. '다시 살아볼 수 있겠다는 마음', 모든 변화는 그곳에서 움트기 시작한다.

## 다시 살아볼 수 있겠다는 마음

 캐나다 온타리오주의 기본소득 실험은 그 가능성을 잘 보여준다. 2017년 온타리오주는 세 도시에서 저소득층을 대상으로 최대 월 1,400캐나다달러(당시 약 130만 원 상당)를 조건 없이 지급했다. 실험은 정치적 사정으로 1년 반 만에 중단됐지만, 그 짧은 기간 동안 수많은 참가자는 이렇게 고백했다. "처음으로 미래를 상상할 수 있었다." "약값 걱정 없이 잠을 잘 수 있었다." "학교에 돌아갈 용기가 생겼다." 기본소득은 사람을 놀게 하지 않았다. 오히려 사람을 '다시 살아보게' 만들었다.

 그리고 이런 흐름은 한국에서도 발견된다. 경기도의 청년 기본소득 수령자 중 상당수가 기본소득을 자기계발, 건강 관리, 사회 참여에 사용했다. 영화관을 처음 가본 사람, 처음으로 헬스장에 등록한 사람, 지역문화 프로그램에 참여한 사람이 늘었다. 이들은 말했다. "그 돈은 노는 데 쓴 게 아니라 나를 위해 처음으로 쓴 돈이었다."

 기본소득이 도입되면 모두가 일하지 않게 될까? 실제로는 그 반대일 가능성이 크다. 기본소득은 사람들이 '의미 있는 일'을 선택할 수 있게 도와준다. 지금의 노동시장 구조는 많은 이들을 불안정한 일자리, 감정노동, 장시간 저임금에 내몰고 있다. 기본소득이 있다면 사람들은 생계를 위해 마지못해 하는 일을 떠나 자신에게 맞는 삶을 탐색할 수 있다. 노동의 질이 높아지는 것이다.

또 하나 자주 나오는 질문이 있다. "부자도 받는 거예요? 왜 똑같이 줘야 하죠?" 기본소득은 모든 사람에게 동일하게 지급된다. 소득 수준이나 재산, 직업, 가족관계와 상관없이 그 누구에게도 묻지 않고 조건 없이 주어진다. 이런 점 때문에 종종 "그럼 부자도 받는 거냐?"라는 의문이 자연스럽게 따라오는 것이다.

그렇다. 부자도 받는다. 하지만 여기엔 중요한 전제가 있다. 기본소득은 모두에게 보편적으로 지급되지만, 그 재원은 주로 세금을 통해 마련된다. 즉 고소득층은 기본소득을 '받기 전'보다 '더 많은 세금'을 낸다. 예를 들어 모두에게 매월 30만 원씩 기본소득을 지급한다고 가정해보자. 그렇다면 한 사람이 1년 동안 받게 되는 금액은 총 360만 원이다. 하지만 기본소득의 재원은 모두에게서 세금을 더 걷는 방식만으로 마련되는 것은 아니다. 모든 사람에게 똑같이 지급하되, 소득이 높은 사람은 조금 더 많은 세금을 내고, 소득이 낮은 사람은 적게 내도록 세금 제도를 미세 조정하는 방식이다.

이렇게 하면 기본소득은 똑같이 지급하되 실제 부담은 형편에 따라 달라지므로, 자연스럽게 형평성 있는 분배가 이루어진다. 이 과정에서 고소득자는 기존보다 다소 많은 세금을 부담하게 될 수 있다. 예컨대 연소득이 높은 누군가가 연간 세금으로

600만 원 정도를 더 부담하게 되었다면, 그는 기본소득으로 받은 360만 원을 제외하고도 240만 원을 추가로 사회에 환원한 셈이 된다.

이처럼 기본소득은 단순히 모든 사람에게 같은 금액을 나누어 주는 제도가 아니다. 세금과 재분배의 원리를 부드럽게 통합하여, 결과적으로 저소득층은 '더 받고 덜 내고', 고소득층은 '덜 받고 더 내는' 체계가 자연스럽게 만들어지는 것이다. 게다가 이 방식은 선별과 심사, 낙인의 과정을 피할 수 있게 해주고, 모든 사람의 존엄을 동등하게 인정하는 데서 출발한다. 묻지 않고, 가리지 않고, 존재만으로 받는 것. 그것이 기본소득이 가진 가장 근본적인 힘이다.

그리고 한 가지 더 덧붙여야 할 중요한 점이 있다. 기본소득의 재원이 반드시 세금에만 의존해야 하는 것은 아니다. 우리가 모두의 이름으로 함께 소유한 공유자산, 즉 공유부共有富, common wealth로부터 얻는 수익—예를 들어 자연자원, 공공 인프라, 디지털 데이터, 재생에너지 등—역시 중요한 재원이다. 이러한 공유부에서 발생하는 수익을 국민 모두에게 배당의 형태로 되돌려주는 방식은 이미 세계 곳곳에서 실험되고 있으며, 앞으로 이 책의 후반부에서 더욱 자세히 다룰 것이다. 또한 이는 특정 계층의 조세 부담을 과도하게 만들지 않으면서도, 기본소득을 지속가능하고 정당하게 운영할 수 있는 또 하나의 길이 된다.

## 낙인 없는 복지

기본소득은 세금과 공유부 배당을 함께 엮어내는 새로운 사회계약의 틀일 수 있다. 그 첫 문을 여는 것은 '왜 똑같이 줘야 하느냐'라는 질문을 넘어, '무엇을 함께 소유하고, 어떻게 함께 나눌 것인가'라는 질문에서부터 시작된다. 이 방식의 가장 큰 장점은 '낙인 없는 복지'라는 점이다. 지금의 복지제도에서는 '당신이 얼마나 가난한가'를 증명해야 한다. 누구에게도 말하고 싶지 않은 사정을 꺼내 보여야만 혜택을 받을 수 있다. 그 과정에서 사람들은 "내가 정말 이 도움을 받을 자격이 있는 사람인가"라는 생각에 사로잡히고, 때로는 수치심에 무너지기도 한다. 하지만 기본소득은 묻지 않는다. "당신이 존재하나요?" 그것이면 충분하다. 누구에게나 주어진다는 사실, 누군가의 마음을 살리고 한 사람의 존엄을 꺼내 올리는 데는 그 하나로도 충분하다.

기본소득은 결국 누구나 자신이 흘린 땀이 헛되지 않고 삶이 존중받는 세상을 만들기 위한 제도다. 그것은 게으름을 부추기는 것이 아니라 그동안 한 번도 기회를 가져보지 못한 이들에게 처음으로 찾아오는 쉼표이자 숨 쉴 틈이다. 누구나 단 한 번쯤은 '나는 내 삶을 내 손으로 설계할 수 있다'라고 믿게 해주는, 그 믿음의 조건을 마련해주는 것이다.

기본소득은 그렇게 사람을 바꾼다. 의욕이 꺼져가던 청년에게는 다시 꿈을 꾸게 하고, 돌봄에 묶여 있던 누군가에게는 자신의 시간을 되찾게 하며, 세상의 뒷자리로 밀려난 사람들에게는 '당신도 여전히 이 사회의 한 사람'이라는 조용한 환영의 목소리가 된다. 그것이 바로 기본소득이 열어가는 세상이다. 성취가 아닌 존재로 존중받고, 속도가 아닌 방향으로 함께 걷는 사회. 기본소득은 그 첫걸음이다. 사람을 중심에 두는 사회를 향한 가장 단단한 약속의 시작점이다.

"정말 일하지 않아도 주나요?" 그 물음은 이제 이렇게 바뀌어야 한다. "당신은 왜 누군가가 일하지 않고도 숨 쉴 수 있는 사회가 되면 안 된다고 생각하나요?" 우리는 모두 알고 있다. 일하지 못하는 순간은 누구에게나 찾아온다는 걸. 그 순간을 견딜 수 있게 해주는 든든한 안전매트가 있다면, 사람은 다시 일어설 수 있다. 그리고 우리는 바로 그런 사회를 만들 수 있다.

## 노동을 선택할 수 있다는 자유

기본소득이 도입되면 사람들이 일을 안 하게 될 것이라는 우려가 여전히 존재한다. 그렇다면 그 질문을 되돌려 묻고 싶다. 지금 우리가 마주하고 있는 수많은 '일'은 정말 자발적인 선택의 결과인가? 하루 열두 시간을 일하고도 가난을 벗어나지 못하는 노동, 안전이 보장되지 않는 현장에서 언제 사고가 날지 모르는 불안 속의 노동, 사회적 존중 없이 반복되는 돌봄과 감정노동……. 우리는 오히려 '선택할 수 없는 노동'에 너무 익숙해져 있는 건 아닐까?

기본소득은 모든 일을 멈추게 하는 제도가 아니다. 기본소득은 오히려 삶의 최저선이 보장된 이후에야 비로소 사람들이 어떤 노동을 선택하고 어떤 방식으로 일하고 싶은지를 스스로 고민할 수 있도록 공간을 열어준다. 생계문제로 인한 울며 겨자 먹기식 선택에서 벗어나, 가치 있다고 믿는 일을 비로소 시도해 볼 수 있는 용기, 그것이 기본소득이 선물하는 진짜 자유다.

누군가는 음악을 하면서 낮에는 아이를 돌보고 싶고, 또 누군가는 비영리단체에서 사회문제를 해결하는 일을 택하고 싶다. 어떤 이는 농촌으로 내려가 땀 흘리는 삶을 선택할 수도 있다. 지금은 이 모든 선택이 '생계'라는 거대한 장벽 앞에서 비현실적인 욕망처럼 보일 뿐이다. 그러나 기본소득은 그 문을 조금씩 열어준다. 일하지 않아도 살 수 있기 때문이 아니라, 이제는 정말 자신이 원하는 방식으로 일할 수 있기 때문에 가능한 것이다.

노동이란 생존의 수단이기 이전에 자기 삶을 빚어가는 가장 인간적인 활동이다. 기본소득은 노동을 파괴하지 않는다. 기본소득은 오히려 노동을 존엄하게 만든다. 노동을 강요하는 사회에서 노동을 선택할 수 있는 사회로. 그 전환은 단지 복지의 문제가 아니라 우리가 어떤 인간관을 갖고 있는가에 대한 질문이기도 하다.

기본소득은 일하지 않아도 받는 돈이 아니다. 그것은 한 사람의 가능성을 처음부터 끝까지 믿어주는 사회의 약속이다. 게으름이라는 낙인을 걷어내고, 다시 살아볼 수 있다는 마음을 회복시키며, 존재만으로도 환영받을 수 있다는 감각을 일깨우고, 무엇보다 노동을 선택할 수 있다는 진정한 자유를 열어준다.

이 제도는 단지 복지의 확장이 아니다. 사람을 바라보는 사회의 시선 자체를 바꾸는 혁신이다. 우리는 오래도록 사람에게 '성과'를 요구했고, '생산성'으로 존재 가치를 재단해왔다. 그러나 이제는 달라져야 한다. 기본소득은 단지 분배의 기술이 아니라 사람을 존중하는 새로운 사회계약의 시작점이다. 그 출발선에 서 있는 지금, 우리는 다시 질문해야 한다. "우리는 어떤 사회에서, 어떻게 함께 살아갈 것인가?" 그 질문에 대한 첫 번째 대답이 바로 기본소득이다.

다음 장에서는 이런 기본소득을 가능하게 하기 위한 재원은 어디에서 오는지, 정말 국가가 이 돈을 감당할 수 있는지, 그 물음의 결을 따라 한 걸음 더 들어가 보기로 한다.

**3장**

# 기본소득의 재원, 어떻게 가능할까

### 왜 재원이 문제인가

기본소득을 논의할 때 가장 먼저 튀어나오는 질문은 단 하나다. "그 돈은 어디서 나오는가?" 질문은 단순하지만, 그 안에는 수많은 감정과 판단이 함께 들어 있다. 기본소득이 아무리 좋은 제도라고 해도, 재정이 감당하지 못한다면 '허망한 이상론'으로 치부되기 쉽다. 그래서 누군가는 말한다. "월 30만 원씩만 줘도 연 180조 원 넘게 든다는데, 그게 현실적으로 가능해요?"

이 지점에서 우리는 중요한 사실 하나를 직시해야 한다. 기본소득은 막대한 돈이 필요한 제도이긴 하지만 불가능할 정도로 비현실적인 제도는 아니라는 것이다. 현실에서 돈이 부족한 게 아니라 그 돈을 어디에, 누구를 위해 쓰느냐에 대한 우선순위가 조정되지 않았을 뿐이다. 실제로 2025년 현재 한국의 연간 국가 예산은 670조 원을 넘어섰고, 각종 세금과 준조세, 기금 성격의 수입을 모두 합하면 1,000조 원에 가까운 자원이 해마다 움직인다. 이 중 복지 관련 예산만 해도 200조 원을 넘고 있다. 이 엄청난 예산은 지금도 분배되고 있다.

문제는 그 분배가 조각난 제도들 속에서 중복되거나 누락되거나, 심지어 낙인을 남기며 소외자를 만드는 방식으로 작동하고 있다는 점이다. 가령 현재 한국의 복지 체계는 수십 가지의 선별적 제도들이 촘촘하게 얽혀 있지만, 그 가운데 상당수는 행정비용으로 새고, 대상자가 증명서류를 제출하지 못해 혜택을 받지 못하거나, 오히려 오해와 수치심 때문에 '자발적 기피' 상태에 놓이기도 한다. 즉 이미 상당한 재정이 쓰이고 있지만, 삶의 회복이라는 목적지에 제대로 닿지 못하고 있다.

그렇다면 기존의 예산 구조를 어떻게 다시 설계하면 더 효과적이고 더 인간적인 복지를 구현할 수 있을까? 기본소득은 이 질문에서 출발한다. 단순히 '돈을 더 써야 한다'가 아니라, 지금 쓰고 있는 돈을 '다르게' 쓰자는 제안이다. 우리가 기존 복지 예산의 일부를 기본소득으로 통합하고, 동시에 조세와 공유부 배당이라는 두 축을 통해 추가 재원을 확보한다면, 지속가능하면서도 사회적 합의에 기반한 기본소득 체계를 충분히 설계할 수 있다.

이 장에서는 바로 그 가능성에 대해 하나씩 짚어보고자 한다. 세금만으로도 충분한가? 그렇다면 어떤 방식의 세금인가? 공유부란 과연 무엇이며, 그 배당은 어떻게 실현될 수 있는가? 그리고 기술과 에너지, 지역과 시민은 어떤 방식으로 이 재원을 뒷받침할 수 있는가? 바로 이 질문들이 기본소득의 실현 가능성을 결정짓는 열쇠다.

## 기본소득, 어디서부터 어떻게 시작할까

기본소득이 국민 모두에게 매달 30만 원씩 지급된다면 어떨까. 그림만 그리면 매력적으로 보인다. 모두가 받는다. 조건도 없다. 단순하고 공정하다. 하지만 그 순간 어김없이 따라오는 질문이 있다. "그렇게 많은 돈을 당장 지금부터 다 줄 수는 없잖아요?"

맞다. 기본소득은 원래부터 '단숨에 완성되는 제도'가 아니다. 전 국민에게 매월 30만 원을 지급한다면 연간 약 186조 원이 소요된다. 이 수치는 결코 적지 않다. 그래서 오히려 단계적 접근이 필요하다. 이 책에서 제시하는 월 30만 원의 기본소득은 미래형 '완전 기본소득'의 보수적 예시로, 당장 전 국민에게 일시에 지급하자는 주장이 아니다. 실제로는 다양한 시범사업과 지역별 실험을 통해 범주형 기본소득과 부분 기본소득으로 출발해 점차 확대해가는 점진적 이행 모델을 전제로 하고 있으며, 이에 대한 구체적인 정책 설계와 사회적 합의 과정을 책의 후반부에서 자세히 다룰 예정이다.

실제로 세계 여러 나라와 국내 지자체도 '범주형 기본소득', 즉 대상과 범위, 금액을 한정한 형태로부터 시작해 제도의 효과와 수용도를 검증하고 사회적 합의를 넓히는 과정을 거치고 있다. 예컨대 성남시의 청년 배당은 만 24세 청년을 대상으로 연 100만 원을 지역화폐로 지급했고, 경기도도 이 모델을 확장해 '청년 기본소득'으로 이어갔다. 전남 신안군은 태양광 공유부 배당을 기반으로 주민참여형 소득 보전 제도를 실험하고 있다.

이러한 실험들은 정치적으로 수용 가능하고, 재정적으로 관리가 가능한 범위에서부터 출발해 점차 확장하는 전략을 보여준다. 기본소득은 그렇게 '한 번에 도약하는 제도'가 아니라 사회적 공감과 신뢰, 제도적 학습을 통해 점진적으로 진화하는 시스템이다. 이를 '부분 기본소득에서 완전 기본소득으로의 이행 경로'라 부를 수 있다.

이런 점진적 접근은 두 가지 측면에서 매우 중요하다. 첫째, 재정적 충격을 완화한다. 처음부터 수백조 원을 감당할 필요는 없다. 연령별, 지역별, 혹은 직군별로 우선 도입하고, 이를 점차 확대해가는 방식으로 설계하면 매해 감당해야 할 재정 부담은 훨씬 가벼워지고, 새로운 재원 모델을 병행하며 지속가능성을 확보할 수 있다.

둘째, 사회적 수용성을 높인다. 기본소득은 제도이자 문화이며, 신뢰의 체계다. 시민들이 실제로 경험해보고 제도의 효과와 한계를 이해하면서 지지 기반이 자연스럽게 넓어질 때, 더 큰 사회적 합의가 가능해진다. 작은 기본소득이 주는 체감 효과가 크다면, 그다음 단계로의 전환은 더 자연스러워질 것이다.

그러므로 우리가 말하는 '월 30만 원의 기본소득'은 당장의 현실이 아니라 우리가 향해 갈 수 있는 완성된 모형의 설계도이다. 그 이상을 목표로 하되, 그 과정은 현실의 맥락에 맞춰 단단히 밟아나가야 한다. 그리고 그 밟아나가는 과정 자체가, 이 사회가 서로를 다시 신뢰하고 연대하는 길이 될 것이다.

## 세금만으로 가능할까

기본소득의 아이디어가 등장할 때마다 빠지지 않고 따라붙는 또 하나의 질문이 있다. "그렇게 많은 돈을 세금으로 걷어야 한다면, 국민이 받아들이겠습니까?" 이 질문에는 단순한 재정 계산을 넘어선 심리적 저항, 즉 조세 저항이라는 현실적 고려가 담겨 있다. 특히 '부자도 똑같이 받는데, 왜 내가 더 내야 하지?'라는 의문은 정의감보다는 손익 계산에 기초한 판단이 작동할 때 쉽게 제기된다. 하지만 조세 저항은 단순히 '세금을 올린다'라는 사실 때문만은 아니다. 사람들이 더 분노하는 지점은 그 세금이 어디에, 어떻게 쓰이는지 알 수 없을 때, 혹은 내가 낸 만큼의 정당한 가치를 돌려받지 못한다고 느낄 때 발생한다.

그래서 중요한 것은 설계다. 기본소득이 단지 '증세'로만 인식되지 않도록 하기 위해서는, 그 자체가 투명하고 공정하며 누구에게나 돌아가는 혜택이라는 확신을 줘야 한다. '세금은 더 내지만, 나도 똑같이 받는다'라는 구조가 명확하게 보일 때, 조세 저항은 줄어들 수 있다. 앞서 소개한 핀란드의 기본소득 실험이 이를 보여주는 좋은 사례다. 핀란드의 기본소득 실험은 전 국민에게 지급된 것은 아니었지만, 참여자들에게 높은 만족도를 보였다. 핵심은 단순한 '돈'이 아니라, 조건 없는 지급이 주는 자유와 자율성이었다. 실업 급여와 달리 일을 하더라도 삭감되지 않는 방식 덕분에 참여자들은 일자리를 찾는 데 더 적극적이었고, 정신건강 지표도 개선되었다. 이는 기본소득이 단지 복지의 비용이 아니라, 사람이 자기 삶을 스스로 꾸릴 수 있는 기반을 만든다는 점에서 사회적 투자에 가깝다는 사실을 보여준다.

알래스카의 사례는 조세 저항을 넘는 또 다른 해법을 제시한다. 1976년부터 시작된 알래스카 영구기금APF: Alaska Permanent Fund은 주 정부가 북극권 유전 개발로 얻은 수익을 기반으로 만들어졌다. 이 기금에서 발생한 투자 수익을 바탕으로 1982년 이후 알래스카 주민들은 매년 일정액의 '영구기금 배당금'을 현금으로 받는다. 이는 기본소득의 일종으로 평가되며, 연간 수백만 원 수준의 배당금이 지급된다.

여기서 주목할 점은, 알래스카 주민들이 세금이 아닌 공유자산의 수익으로부터 정기적 소득을 받고 있다는 점이다. 이런 구조는 조세 저항을 줄일 뿐 아니라, 공공 자원의 수익을 공동체가 함께 나누는 정당한 방식으로 인식된다. 실제로 알래스카 주민들은 '세금은 싫지만, 배당은 환영한다'라는 인식을 지니고 있고, 이 제도가 자신들을 '주권자이자 공동소유자'로 대우한다는 점에 자부심을 느낀다.

이러한 사례들은 기본소득이 '무조건 세금만 많이 걷는 제도'가 아님을 보여준다. 기본소득은 설계에 따라 충분히 신뢰와 동의를 얻어낼 수 있는 제도이며, 그 핵심은 단순한 세금 인상이 아니라, 공정하고 투명한 구조 속에서 함께 나누는 질서를 어떻게 구현하느냐에 달려 있다. 게다가 앞 장에서 말한 것처럼, 기본소득의 재원은 꼭 세금에만 의존하지 않는다. 우리가 함께 소유한 공유자산의 수익을 '배당'의 형태로 되돌려주는 방식이 병행된다면, 고소득자에게만 부담을 지우는 체계가 아니라, 모두가 함께 만든 가치로 모두가 함께 사는 사회를 실현할 수 있다.

이제 중요한 것은 질문을 바꾸는 것이다. "세금으로 그 많은 돈을 어떻게 감당하지?"에서 "우리가 함께 가진 것을 어떻게 더 공정하게 나눌 수 있을까?"로.

## 공유부 배당이라는 또 하나의 길

우리는 늘 '누가 낼 것인가'를 묻는다. 기본소득을 이야기하면 돌아오는 첫 질문이 그것이다. "그 돈, 누가 냅니까?" 그러나 이제는 질문을 조금 바꿔보자. "무엇을 함께 가지고 있는가?" 그리고 "그것을 어떻게 함께 나눌 수 있을까?" 세금만이 유일한 재원이 아님에도, 우리 모두는 너무나도 오랫동안 '국가의 돈은 정부만의 것'이라고 착각해왔다.

이 땅의 자원, 이 사회의 데이터, 우리의 하늘과 바다, 그리고 우리가 함께 일구어온 공공 인프라는 사실 모두가 조금씩 소유한, 공동의 유산이다. 그것을 우리는 '공유부'라 부른다. 공유부란 눈에 보이는 땅과 숲만을 뜻하지 않는다. 한 나라가 축적한 사회적 자본, 교육과 건강을 지켜온 제도, 디지털 시대에 축적되는 거대한 공공데이터, 그리고 인공지능과 에너지 전환의 시대에 새롭게 열리고 있는 디지털 플랫폼, 태양과 바람의 권리까지도 이제는 우리가 함께 소유한 자산으로 재인식되어야 한다. 그리고 바로 그 공유부로부터 얻어지는 수익은 더 이상 몇몇 대기업이나 소수의 소유자가 독점할 수 없는 공동의 배당 대상이 되어야 한다.

앞서 말한 것처럼 알래스카 영구기금에서 나오는 이익은 주민 개개인에게 연간 수백만 원 수준의 현금 배당으로 돌아간다. 이른바 '오일 머니'가, 모두에게 나눠지는 '오일 디비던드oil dividend'가 된 것이다. 놀라운 것은 이 제도가 지속가능성을 갖췄다는 점이다. 정치권이 바뀌어도, 경제 상황이 흔들려도, 배당은 해마다 지급되며 알래스카 주민들의 생활 안정성과 공동체 의식을 동시에 높여주는 제도로 자리 잡았다. 이 덕분에 알래스카주는 미국의 50개 주 가운데 소득 불평등이 가장 심한 주에서 두 번째로 양호한 주로 탈바꿈했다.

이처럼 공유부 배당은 증세 없는 기본소득의 모델로 주목받는다. 물론 모든 나라가 유전을 가진 것은 아니지만, 각 사회마다 고유한 공유부는 반드시 존재한다. 어떤 곳은 태양과 바람을, 어떤 곳은 산과 해양 자원을, 어떤 곳은 디지털 정보와 AI 학습 데이터를, 그리고 어떤 곳은 문화와 관광, 공공 금융의 네트워크를 자산으로 보유하고 있다.

한국은 어떨까. 전국의 곳곳에서 태양광과 해상풍력이 주는 가능성이 열리고 있고, 공공데이터를 민간 기업이 활용하면서도 정작 시민들은 그 혜택을 체감하지 못하고 있다. 디지털 플랫폼이 개인의 움직임과 소비, 감정과 성향까지 수집하고 있지만, 그 정보의 생산자이자 주권자인 시민에게는 아무런 대가도 지급되지 않는다. 그러므로 이제는 물어야 한다. 공공 자산에서 나오는 이윤은 왜 모두에게 돌아가지 않는가? 그리고 그 배당은 왜 단 한 번도 시민의 권리로 선언된 적이 없는가?

공유부 배당은 바로 이러한 질문에서 출발한다. 단지 복지의 논리가 아니다. 경제 구조 자체를 더 공정하게 만들기 위한 새로운 분배의 언어다. 물론 공유부 배당만으로 모든 기본소득 재원을 충당할 수는 없을 것이다. 그러나 세금과 함께 작동한다면, 누구에게만 부담을 지우지 않으면서도 누구도 소외시키지 않는 제도를 설계할 수 있다.

이 장에서는 공유부에 대한 구체적 설계까지 다루지는 않는다. 그 이야기는 책의 후반부에서 더 깊이 있게 소개될 것이다. 그러나 여기서 우리가 짚어두어야 할 핵심은 분명하다. 기본소득은 단지 '나눠주는 제도'가 아니라, '함께 소유한 것을 함께 되돌려주는 사회적 장치'가 될 수 있다는 점이다. 그것은 곧 새로운 사회계약의 언어이고, '이것은 우리 모두의 것이다'라고 말할 수 있는 가장 조용하고도 강력한 선언이다.

## 성장의 다리를 건너서

기본소득을 이야기하면 흔히 이런 반론이 나온다. "그렇게 나눠줄 만큼 우리 사회가 여유롭지는 않다." 그리고 덧붙인다. "지금은 성장이 멈춘 시대인데, 어떻게 모두에게 돌아가는 분배가 가능하겠느냐"라고. 맞는 말이다. 경제가 식어가고 있다는 체감은 우리 모두의 일상에 있다. 수출은 흔들리고, 일자리는 줄어들고, 청년들은 내일이 보이지 않는다고 말한다. 성장은 멈춘 것처럼 보이고, 분배는 악화일로다. 그러니 '기본소득'이나 '기본사회' 같은 이야기가 공허하게 들릴 수도 있다.

하지만 이 책이 말하고자 하는 바는 정반대다. 기본소득과 기본사회는 바로 이 위기 속에서 새로운 성장의 문을 여는 길이라는 것이다. 우리가 말하는 것은 '성장을 포기하자'는 선언이 아니라 '성장을 다시 쓰자'는 제안이다. 더 이상 과거의 방식으로는 지속 가능한 성장은 불가능하다. 수출주도형 제조업에 의존하고, 저임금·장시간 노동을 전제로 삼으며, 생태계와 공동체를 소진시키는 방식의 성장은 누구에게도 견고한 경제·사회적 안전판이 되어주지 않는다.

이제 필요한 것은 '모두를 위한 과실이 가능한 성장', 즉 포용적이고 순환적인 성장으로의 패러다임 전환이다. 우리는 이미 그 가능성을 여러 곳에서 목격하고 있다. AI는 인간 노동을 대체하는 기술이 아니라, 사회적 안전판을 보완하고 행정과 복지를 더 촘촘히 설계하는 도구가 될 수 있다. 재생에너지는 기후위기 대응을 넘어, 공유부 배당의 새로운 재원이 될 수 있는 자산이다. 또한 공공데이터와 지역 공동체의 플랫폼 경제는 새로운 산업과 일자리, 분배의 기반이 되는 미래 성장의 토대다.

성장은 가능하다. 하지만 그것은 누군가의 부를 극대화하는 방식이 아니라 모두의 삶을 안정시키는 방식이어야 한다. 이제는 GDP의 숫자가 아니라 삶의 지속가능성과 공동체의 회복력을 키우는 방향으로 그 의미를 바꿔야 한다. 이 책에서는 이 과정을 '성장의 다리'라고 부를 것이다. 기본사회로 가기 위해 우리는 성장이라는 다리를 반드시 건너야 한다. 다만 그것은 더 크고 더 빠른 성장이 아니라 더 공평하고 더 지속가능한 성장이어야 한다.

그리고 이 새로운 성장의 목표는 분명하다. 누군가의 계좌가 아닌 모두의 일상에 닿는 성장. 모두의 식탁, 모두의 지붕, 모두의 시간 속에 퍼져나가는 성장. 기본소득은 그 첫 디딤돌이 될 수 있다. 이제 다음 장에서는 그 성장조차 닿지 못하는 사람들, 숨을 쉬어도 기대어 쉴 곳 하나 없는 사람들의 삶에 관해 이야기하려 한다. 성장 이전에, 분배 이전에 먼저 지켜야 할 존엄이 있다는 사실을 기억하며.

## 2부

# 삶을 지탱하는 기본들

# 4장
# 돈만으로는 해결할 수 없는 것들

## 숨을 쉬어도, 기대어 쉴 곳이 없다면

인간은 숨을 쉬어야 살 수 있다. 하지만 그 숨조차 쉴 공간이 없다면, 우리는 과연 '산다'라고 말할 수 있을까. 생존은 숨을 쉬는 데서 시작되지만, 삶은 기대어 쉴 수 있는 곳에서 시작된다. 집은 단지 비바람을 피하는 공간이 아니다. 집은 하루 종일 버텨온 몸과 마음을 안심하고 내려놓을 수 있는 곳이다. 울어도 괜찮고, 아무것도 하지 않아도 괜찮고, 때로는 숨만 쉬고 있어도 괜찮은, 그 무방비한 존재를 품어주는 공간. 그래서 집이 없다는 것은 단지 공간의 결핍이 아니라 존엄의 결핍이다.

우리는 자주 '주거 문제'라는 단어로 말하지만, 그 단어는 너무 메말랐다. 그것은 '사람이 기댈 곳 없이 살아가는 문제'라고 말해야 더 정확하다. 누군가는 천장이 너무 낮아 고개를 펴기 어려운 방에서, 누군가는 빛이 없는 지하방에서, 또 누군가는 늘 짐을 싸야 할 것 같은 월세방에서 버티듯 살아간다. 기대어 쉴 곳이 없다는 건 단지 집이 없다는 말이 아니다. 그건 예측 가능한 내일이 없다는 말이고, 계획할 수 없는 삶을 산다는 말이며, 누군가에게는 모든 것이 무너졌던 그날을 다시 끄집어내는 말이기도 하다.

기본소득이 사람의 숨을 돌게 해주는 장치라면, 기본주거는 그 숨을 가다듬고 살아갈 자리를 허락하는 터전이다. 기본사회는 이 두 가지를 함께 보아야 한다. '쉴 곳이 없는 사람에게 돈을 준들 무슨 의미냐'라는 물음은 정당하다. 하지만 동시에 '돈조차 없는 이에게 집을 주는 게 가능하냐?'라는 질문도 허공에 머문다. 그래서 삶의 기반을 이루는 것은 소득과 공간, 관계와 시간, 이 모든 것이 함께일 때 비로소 가능하다.

기대어 쉴 수 있는 공간이 있다는 건 단순히 사적 편안함이 아니라 사회가 그 사람을 '살아도 되는 존재'로 받아들였다는 신호다. 기본사회는 바로 그 신호를 놓치지 않겠다고 말하는 체계다. 집을 가진 사람과 그렇지 못한 사람 사이의 간극은 단지 자산의 차이가 아니라 존재의 안정성 그 자체에 관한 문제다.

아무리 지원금이 통장에 찍혀도 돌봄이 없는 집, 함께 밥을 먹을 사람이 없는 하루는 결국 그 돈의 무게마저 가볍게 만들어 버린다. 우리는 언제부터인가 너무 많은 것을 '시장'에 맡기고, 사람과 사람 사이의 자리를 잃어버렸다. 그리고 그 빈자리는 통계에 잡히지 않는 외로움과 침묵으로 메워졌다. 그래서 우리는 지금, 주거를 다시 '시장'이 아니라 '삶'의 언어로 불러야 한다. 우리가 아무것도 하지 않아도, 아무리 아파도, 아무도 찾지 않아도 기대어 쉴 수 있는 자리를 내어주는 사회, 그 사회가 '기본'이라 불릴 자격이 있다.

## 관계가 사라진 자리에 남겨진 사람들

사람은 혼자 살아갈 수 없다고들 말하지만, 우리는 언제부터인가 '혼자'가 일상이 된 사회에서 살아가고 있다. 사람들 틈에 섞여 있어도 외롭고, 아무리 많은 메시지를 주고받아도 마음은 텅 빈 채로 남는다. 관계는 많아졌지만, 연결은 사라지고, 우리는 점점 '필요한 사람'이 아니라 '대체 가능한 사람'이 되어간다.

누군가에게는 관계의 단절이 삶의 단절보다 더 아프다. 대화를 나눌 사람이 없다는 것, 무언가를 함께 기다릴 사람이 없다는 것, 어떤 일을 마주했을 때 그걸 먼저 나누고 싶은 얼굴 하나 떠오르지 않는다는 것은 어쩌면 생계의 위기보다도 더 깊은 존재의 외로움이다. 그 고요한 고립 속에서 많은 이들이 말없이 사회의 바깥으로 밀려난다.

돈으로는 해결할 수 없는 것들이 있다. 그중 가장 절실한 것이 바로 '관계'라는 인프라, 사람이 사람을 붙잡아주는 그물망이다. 우리는 수많은 제도를 설계하면서 수당은 어떻게 나눌지, 기준은 어디까지로 할지 논의하지만, 그 돈을 받아 든 사람이 누구와 그 기쁨을 나눌 수 있을지는 쉽게 잊고 만다.

기본소득이 사회의 바닥을 지탱한다면, 기본사회는 그 바닥 위에 사람과 사람이 다시 손을 맞잡을 수 있는 장을 펼치게 한다. 동네에서 마주치는 얼굴, 함께 밥을 짓고 먹는 공동의 시간, 아무 목적 없이도 머물 수 있는 공간들. 이런 것들이 사라질 때 사람은 혼자가 되고, 혼자가 되었을 때 사회는 더 이상 사람을 붙들어줄 수 없다.

우리는 관계가 사라진 자리에 무얼 남겨야 할까? 정책의 이름만이 아니라 진짜 사람의 목소리와 손길이 닿는 그 무엇이 필요하다. 기본사회는 그 빈자리에 다시 사람을 채우는 사회, 함께 살아간다는 말이 허상이 아닌 구체적인 일상의 풍경이 되는 사회를 그린다. 그곳에서 우리는 '필요한 사람'이 아니라, '함께 있어야만 완성되는 사람'으로 다시 기억될 수 있다.

## 돌봄의 경계에서 멈춰 선 사람들

누군가는 아프고, 누군가는 돌본다. 누군가는 늙고, 누군가는 부축한다. 이 단순한 사실 위에 사회는 존재한다. 그러나 오늘의 사회는 이 너무나 당연한 일을 너무 외롭게, 너무 조용히 감당하게 만든다. 돌봄은 한 사람의 희생이 되고, 가족의 문제로만 여겨지며, 공공의 책임은 늘 한 발 뒤에 머문다.

혼자 아이를 키우는 부모, 노모의 치매를 감당해야 하는 중년의 자식, 질병을 앓는 배우자를 돌보는 노년의 동반자. 이들은 하나같이 '기본'이 없이 버티고 있다. 자신의 시간을 쪼개고, 일터를 포기하고, 잠을 덜 자고, 병원 앞에서 눈물을 훔치면서도 어디서도 온전한 위로를 받지 못한 채 삶과 돌봄 사이의 경계에서 매일 멈춰 서고 있다.

문제는 그들이 누구보다 '기본'에 가까운 사람들인데도, 제도의 우선순위에서는 늘 뒷자리에 밀려 있다는 것이다. 국가는 그들의 돌봄을 당연하게 여기지만, 그들의 고통은 더 이상 들리지 않는 침묵의 노동이 되어간다. 그리고 그 침묵이 길어질수록 우리 사회는 '공동체'라는 말의 무게를 점점 잃어버린다.

기본사회란 돌봄을 개인의 몫으로 남겨두지 않는 사회다. 누군가를 돌본다는 행위가 곧 공동체의 심장부에서 뛰는 일임을 인정하고, 그 돌봄을 지지할 수 있는 공공의 시간과 공공의 자원과 공공의 마음을 마련하는 사회. 그것이 기본사회의 핵심 중 하나여야 한다.

 돌봄은 사회를 지탱하는 가장 오래된 방식이다. 그리고 가장 인간적인 활동이기도 하다. 그 활동이 제도적으로, 물리적으로, 심리적으로 지지받지 못할 때, 사람은 돌보는 일을 그만두는 것이 아니라 자기 삶을 멈춘다. 자신을 돌보지 못한 채 누군가를 돌보는 이들, 그 경계 위에 선 사람들의 손을 더는 놓아서는 안 된다. 기본소득이 생활을 버틸 수 있게 한다면, 기본사회는 삶의 균형을 회복할 수 있게 한다. 누군가의 돌봄이 곧 공동체의 숨결이 되는 사회. 그 사회는 바로 지금 우리가 건너야 할 내일이다.

## 기본소득만으로 채울 수 없는 빈자리

 우리는 때때로 '돈이면 다 해결된다'라는 말을 너무 쉽게 믿는다. 하지만 이 책의 독자라면 이제 알고 있을 것이다. 사람이 숨 쉴 수 있는 공간, 따뜻한 관계, 함께 살아가는 공동체의 감각은 어느 한 줄의 예산 항목으로 환산되지 않는 것들이라는 것을. 쉼 없이 달려온 끝에서 쉴 곳이 없다는 절망, 사람들 속에서조차 고립되는 외로움, 사랑하기에 돌보지만 돌보는 만큼 사라져가는 자기 삶. 이 모든 것은 돈만으로는 메워지지 않는 삶의 구조적 공백이다.

기본소득이 '살 수 있는' 조건을 만들어준다면, 기본사회는 '함께 살아갈 수 있는' 기반을 다시 세우는 일이다. 그 기반은 물리적 자원 이전에 사람과 사람 사이에 다시 다리를 놓는 일이며, 제도 이전에 공감과 돌봄이 자연스럽게 흐르는 사회적 분위기를 복원하는 일이다. 기본사회는 복지의 확장이 아니다. 그것은 사람의 삶을 정면으로 바라보고, 그 삶에 필요한 것들을 하나둘씩 다시 채워 넣겠다는 다짐이자 실천의 약속이다.

우리는 돈이 아니라 사람이 중심이 되는 사회를 꿈꾼다. 그리고 이제 그 꿈을 이루는 데 필요한 것은 '더 많이 주는 것'이 아니라 '함께 살아가는 방식 자체를 바꾸는 것'이다. 기본사회는 바로 그 자리를 다시 세우는 일이다. 생계를 넘어 삶의 온기를 회복하는 것, '살 수는 있지만, 살고 싶지는 않은' 사회가 아니라, 정말로 살 만한 세상을 함께 만들어가는 것. 우리는 숨을 쉬는 것만으로는 충분하지 않다는 것을 안다. 이제는 쉬어도 괜찮은, 기댈 수 있는, 이름을 불러줄 누군가가 있는 그런 사회를 만들어야 할 때다. 기본사회는 바로 그 자리를 되찾는 여정의 이름이다.

기본소득은 인간의 기본을 지탱하는 데 필요한 출발점이지만, 그것만으로는 삶의 모든 모서리를 다 감싸주진 못한다. 사람이 살아가려면 숨 쉴 공간이 필요하고, 기회가 닿을 수 있는 환경이 필요하며, 무너지지 않도록 곁을 받쳐줄 사회적 인프라가 필요하다. 기본소득이 '받는 권리'라면, 기본서비스는 '쓸 수 있는 권리'다. 병원에 갈 수 있어야 하고, 생활할 집이 있어야 하며, 아이가 다닐 수 있는 학교가 있어야 한다. 심지어 오늘 하루 쉴 수 있는 안전한 공간도 필요하다. 기본소득이 현금을 통해 가능성을 열어주는 도구라면, 기본서비스는 그 가능성이 실제로 실현될 수 있는 땅을 만들어주는 조건이다.

그래서 이 책은 말한다. 기본소득은 시작이어야 하고, 기본서비스는 삶을 지탱하는 바탕이어야 한다고. 기본 없는 사회는 사람을 조용히 소외시킨다. 조건 없는 수입만으로는 조건을 가진 불평등을 이겨내기 어렵다.

이제 우리는 그 이름만으로는 다 담기지 않았던 '기본서비스'의 실체를 마주할 시간이다. 그것이 어떤 모습으로, 누구의 삶에, 어떻게 스며들어야 하는지를 하나씩 살펴보려고 한다. 기본이라는 말이 추상에서 구체로 내려앉는 순간, 그 **뼈**대 위에서 삶은 조금 덜 휘청이고, 사회는 조금 더 따뜻해질 수 있다. 기본서비스는 그렇게 우리가 함께 기대어 살 수 있는 사회의 토대가 된다.

**5장**

# 기본이 지켜주는 사회

### '같이'가 사라진 사회에서

사람은 혼자 살 수 없다. 어쩌면 이 말은 너무 흔하게 들려서 하나의 문장처럼 지나치기 쉬울지 모른다. 하지만 지금 우리의 사회를 둘러보면, 그 흔한 진실이 얼마나 지켜지지 않고 있는지를 자주 마주하게 된다. 함께 사는 삶은 말보다 훨씬 어렵다. 누구와 어떻게 연결되고, 어떤 방식으로 관계 맺을 것인지는 단순한 의지의 문제가 아니다. 그것은 삶의 조건이기도 하고, 사회의 틀이기도 하며, 정책의 결과이기도 하다.

지금 한국 사회에서 돌봄은 더 이상 자연스럽게 존재하지 않는다. 아이 돌봄도, 노인 돌봄도, 질병과 죽음을 둘러싼 돌봄도 모두 개인의 책임으로 떠넘겨진다. '가족'이 모든 것을 감당할 수 있었던 시대는 이미 지나갔지만, 그 대안을 공공이 감당하지 못하는 사이, 사람들은 조용히 지쳐가고 있다. 한 아이가 아프면 부모 한 명이 직장을 포기해야 한다. 한 부모가 치매에 걸리면 자식의 삶 전체가 흔들린다. 이런 사회는 약한 사람을 먼저 고립시키고, 결국 강한 사람조차 무너뜨린다.

이럴 때 기본소득은 도움이 된다. 경제적 부담을 덜어주고, 최소한의 선택지를 마련해주는 역할을 한다. 하지만 기본소득만으로는 관계의 부재를 메울 수 없다. 사람은 돈이 아니라 사람으로부터 위로받고 회복되기 때문이다. 지금 우리에게 필요한 것은 '수당'만이 아니라 '손길'이다. 누군가 곁에 있다는 느낌, 아플 때 찾아올 수 있는 동네 병원, 지치면 하소연할 수 있는 마을의 복지사, 아이와 함께 시간을 보낼 수 있는 공공 어린이집, 그리고 삶이 흔들릴 때 문을 두드릴 수 있는 사람 한 명. 이것이 바로 기본사회가 지향하는 돌봄의 인프라이며, 우리가 함께 살아간다는 감각을 되살리는 공공의 장치다.

'같이'는 말로 주장한다고 생기지 않는다. '같이'는 공동의 틀 안에서 길러지고, 돌봄의 시간 속에서 자란다. 함께 사는 사회를 위해 필요한 것은 거창한 시설이 아니라 사람이 사람 곁에 머물 수 있는 작은 틈을 정책이 채워주는 사회다. 기본소득은 개인을 위한 것이지만, 기본사회는 관계를 위한 것이다. 그 둘이 함께할 때, 우리는 비로소 '같이'의 회복을 꿈꿀 수 있다.

### 삶을 이어주는 보이지 않는 손

누군가는 오늘 아침 눈을 뜨고 조용히 일어날 수 있었다. 누군가는 단 한 걸음을 떼기까지 오래 주저했고, 또 누군가는 알람 소리 대신 아이의 울음소리에 눈을 떴다. 같은 하루의 시작이지만, 누구에게는 평온하고, 누구에게는 고단하며, 누구에게는 버거운 아침이다. 삶은 누구에게나 주어지지만, 그 삶을 '이어가게 하는 손'은 모두에게 주어지지 않는다. 당연하게 여기는 일상의 순간 뒤에는 늘 누군가의 손길이 숨어 있다. 뜨거운 밥 한 끼, 깨끗한 방, 움직일 수 없는 몸을 일으켜 세우는 힘, 약속 시간에 맞춰 준비된 휠체어 차량, 홀로 남겨진 아이를 데려다주는 이웃의 품. 이 모든 일은 '시장'으로만 설명되지 않는다. 그것은 가격을 매길 수 없는 연결의 노동, 즉 '보이지 않는 손'이 만든 일상의 기적이다.

돌봄은 그 자체로 사회를 지탱하는 인프라다. 도로와 전기, 수도처럼 눈에 보이지 않지만, 이 손길이 멈추는 순간 삶은 금세 부서지거나 끊어지고 만다. 하지만 우리는 이 손들을 얼마나 존중하고 있을까. 간병인의 손, 요양보호사의 손, 어린이집 교사의 손, 조리원의 손, 가족 돌봄을 홀로 감당하는 어머니의 손. 그 손은 늘 피로하고, 과소 평가되며, 때론 존재 자체가 지워진다.

이러한 현실을 바꾸기 위한 노력은 이미 작지만 중요한 발걸음으로 시작되고 있다. 예를 들어 서울시의 '돌봄SOS센터'는 어르신, 장애인, 1인 가구 등 긴급 돌봄이 필요한 시민에게 신속하게 도움을 연결해주는 종합 플랫폼으로 작동한다. 24시간 이내에 간병, 식사 지원, 병원 동행 등의 서비스를 제공하며, 그 범위를 꾸준히 확대하고 있다. 경기도의 '24시간 경기돌봄센터' 역시 비슷한 취지에서 다양한 돌봄 수요에 대응하는 통합 서비스를 구축하고 있다. 또한 부산 사하구는 지역 주민들이 직접 참여하는 '마을돌봄협의체'를 운영하여, 지역 안에서 상시적이고 유연한 돌봄망을 형성해가고 있다.

이 모든 제도는 돌봄을 공공의 책무로 전환하고 있는 초기 모델들이다. 해외에서도 흐름은 유사하다. 핀란드는 기본소득 실험과 함께 '맞춤형 통합돌봄'을 병행하며, 단순한 현금 지급이 아닌 삶의 복합적 조건을 다층적으로 설계하려 했다. 네덜란드의 '부오르트 Buurtzorg' 모델은 간호사 중심의 자율적 팀 운영을 통해 돌봄의 질과 비용 효율을 동시에 확보하며 세계적 주목을 받았다.

기본사회는 이 손들을 사회적 인프라로 새롭게 바라보는 일에서 출발해야 한다. 이제 보이지 않는 손은, 누구에게나 보장되는 권리가 되어야 한다. 보살핌을 받는 사람이 스스로를 부끄러워하지 않도록, 보살피는 사람이 자신의 삶을 포기하지 않도록, 돌봄은 사회가 함께 감당해야 할 몫이다. '고마움'만으로는 지탱되지 않는 삶의 구조를 제도와 예산, 우선순위의 언어로 바꾸는 감수성이 필요하다.

'기본서비스'란 무엇인가. 그것은 단지 공공재의 공급이 아니다. 그것은 우리가 서로에게 지고 있는 돌봄의 책임을, 혼자가 아닌 방식으로 나누자는 사회적 약속이다. 삶은 누구나 혼자 꾸려갈 수 없다는 인식에서 출발하는 정치적 선택이다. 보이지 않는 손이 지속될 수 있을 때, 우리는 더 오래 서로를 돌볼 수 있다. 그리고 그 손이 지쳐 쓰러지지 않도록 받쳐주는 사회야말로 정말로 '기본'이라 부를 수 있는 사회다.

## 보이지 않지만 꼭 있어야 할 것들

우리는 늘 눈에 보이는 것을 기준 삼아 세상을 판단한다. 누가 더 가졌는지, 무엇이 더 크고 화려한지, 어디가 더 유명하고 빠른지. 하지만 삶을 진짜로 지탱하는 것들은 대개 보이지 않는다. 보이지 않지만 공기는 언제나 우리를 감싸고 있고, 보이지 않지만 지하의 수도관과 전선은 도시를 살아 있게 한다. 그리고 사람의 삶도 마찬가지다. 삶의 가장 중요한 기반들은 눈에 띄지 않지만 반드시 존재해야 하는 것들이다.

당장 드러나지 않는다고 해서 중요하지 않은 것은 아니다. 오히려 드러나지 않기에, 너무 '당연한 것'처럼 여겨지기에, 더 자주 잊히고, 지워지고, 밀려난다. 예컨대 거리 한편에 조용히 자리 잡은 공공화장실처럼 어떤 존재는 눈에 띄지 않지만 있어야 할 곳에 있는 것만으로 사람들의 일상을 지탱해준다. 아무도 눈여겨보지 않지만 누군가에게는 하루를 버티게 해주는 존엄의 마지막 지점일 수 있다. 지방의 마을버스 한 대, 복지관의 온수기, 사회복지사의 주간 방문일지, 고독사 위험군을 표시해주는 AI 데이터, 재난 때 쓸모를 발휘하는 동네 방송 시스템. 이런 것들은 '성과'나 '수치'로는 드러나지 않지만, 그 하나하나가 공동체의 체온을 유지하는 숨은 장치들이다.

문제는 이 보이지 않는 것들이 '예산 효율'이라는 이름 아래 가장 먼저 줄어든다는 점이다. 성장률에 도움이 되는가, 투자 대비 이익이 있는가, 누가 표를 줄 것인가, 이런 질문 앞에서 가장 먼저 사라지는 것은 늘 기초다. 사람들이 힘들어질 때 가장 먼저 무너지는 것도 보이지 않는 것들이다. 기본사회는 이 '보이지 않는 것'들을 다시 정치의 중심에 세우는 시도다. 기본소득이 당장 가시적인 분배라면, 기본서비스는 존재의 조건을 조용히 복원하는 손길이다.

이 사회의 진짜 품격은 보이지 않는 것을 어떻게 대하는가에 달려 있다. 더디지만 공공의 시간을 따라가는 정책. 측정할 수 없어도 반드시 있어야 할 것들을 붙들고 가는 행정. 기초는 보이지 않기에 오히려 더 단단해야 한다. 그리고 지금 이 순간에도 누군가는 그 보이지 않는 기반 덕분에 하루를 버티고 있다. 이 사회가 나를 잊지 않았다는 조용한 증거로, 작지만 분명히 존재하는 그 사회적 장치 덕분에.

## 기회의 문을 여는 열쇠

세상은 누구에게나 열려 있다고 말하지만, 사실 그 문 앞에 서볼 기회조차 갖지 못한 사람이 많다. 기회의 평등을 이야기하기 전에 기회에 접근할 수 있는 거리부터 따져봐야 한다. 가난한 가정의 아이가 학원을 다니지 못하는 건 단순한 사교육의 문제가 아니다. 그 아이가 학교에서 놓친 진도를 따라잡을 방법이 없다는 뜻이고, 세상이 말하는 '성장'이라는 사다리에 아예 발을 디딜 수 없다는 의미이기도 하다. 거주지에 따라 누릴 수 있는 공공도서관, 지역아동센터, 청소년 진로 교육의 질과 양은 현실의 격차를 조용히, 그러나 치명적으로 벌려놓는다.

병원도 마찬가지다. 차로 10분 거리에 응급실이 있는 사람과 두 시간을 버스로 이동해야 겨우 진료를 받을 수 있는 사람은 같은 국민이지만 전혀 다른 조건 위에 놓여 있다. 누군가는 건강이 기회가 되고, 누군가는 병이 운명을 가르기 시작한다. 인터넷 접속과 디지털 기기 접근, 금융 계좌와 신용 등급, 청년을 위한 주거 지원 프로그램의 존재 여부 등도 사람이 '무엇을 할 수 있는가'를 결정하는 실질적 문턱이 된다.

기본서비스는 그 문턱을 낮추는 역할을 한다. 누군가는 돌봄 때문에 일을 포기해야 하고, 누군가는 주거 불안 때문에 다시 배움의 기회를 접는다. 그런 삶의 경계에서 기본서비스는 사람이 다음 기회를 선택할 수 있도록, 한 번 더 시도할 수 있도록 문을 열어주는 열쇠가 된다. 이 열쇠는 사회가 누구에게 무엇을 허락할 것인가를 결정짓는다. 이 열쇠가 없으면 누군가는 늘 문 밖에 서 있게 되고, 이 열쇠가 많아질수록 사회는 덜 배제되고 덜 닫힌다.

기본소득이 오늘 하루의 무게를 덜어주는 '지금의 제도'라면, 기본서비스는 내일의 가능성을 열어주는 '미래의 조건'이다. 그래서 기본서비스는 단지 주어지는 복지가 아니라, 자신의 삶을 주체적으로 설계할 가능성의 토대다. 정책은 소득을 넘어서 기회의 지도를 다시 그려야 한다. 모든 이가 출발선에 설 수 있도록, 그 문 앞까지 다가갈 수 있도록. 그리고 그 문을 열 수 있도록, 공공은 사람의 손에 하나씩 열쇠를 쥐여주어야 한다.

 기회의 평등은 선언으로 오지 않는다. 기회의 평등은 보이지 않는 서비스가 얼마나 정교하게 설계되어 있는가, 그리고 그 서비스가 누구에게, 언제, 얼마나 가까이 도달했는가로 측정된다. 우리가 말하는 기본사회는 모든 문이 자동으로 열리는 사회가 아니다. 다만 누구라도 어느 순간에라도, 그 문을 열 수 있는 열쇠 하나쯤은 가지고 있는 사회여야 한다.

### 공공의 이름으로, 곁에 머무는 것

 '공공'이라는 단어는 때로 멀고 낯설게 들린다. 어딘가 딱딱하고, 형식적이며, 친절보다는 절차를 먼저 떠올리게 하는 단어. 그래서 어떤 사람들은 '공공은 내 삶에 없다'고 느낀다. 필요한 순간에는 멀고, 절실할수록 무심하게 느껴졌던 기억들이 그 말의 온도를 차갑게 만든다.

 하지만 정말 그래야만 할까? '공공'이라는 말이 누군가의 곁에 다정히 머무는 방식으로 작동할 수는 없을까? 경기도 성남의 어느 동네 복지관에는 '찾아가는 복지플래너'들이 매일 마을을 누빈다. 홀로 사는 어르신들의 안부를 묻고, 아이 돌봄이 필요한 한부모 가정을 연결하며, 말없이 문을 닫고 지내던 청년의 집 앞에 조용히 인사카드를 놓고 간다. 서울 성동구에서는 독거 노인의 약 복용 여부를 확인하기 위해 공공 약사 네트워크를 구축하고, 매일 자동전화 한 통으로 생존 신호를 묻는다. 응답이 없을 경우 곧바로 현장 확인이 이루어지는 이 시스템은 복약 관리뿐 아니라 생명 안전망의 역할까지 수행하고 있다.

이 모든 것이 '정책'이다. 그러나 그 정책은 사람의 숨결 안에 들어서 있을 때 비로소 '공공'이 된다. 매뉴얼이 아니라 마음으로 작동할 때, 사람은 그것을 국가가 아닌 '누군가의 손길'로 기억하게 된다. 기본서비스는 바로 그런 공공의 손길이 삶 곁에 도달하는 방식이다. 어려운 절차를 거쳐야만 받을 수 있는 것이 아니라 이미 사람의 일상에 들어와 있는 체계. 도움을 요청하지 않아도 이미 알고 있다는 듯 먼저 다가오는 존재다.

기본사회는 단지 제도의 변화만으로 완성되지 않는다. 공공의 얼굴이 어떻게 바뀌느냐, 공공이 사람에게 어떤 기억으로 남느냐가 그 기반을 이룬다. 지금까지 '공공'은 시설이었고, 서비스였고, 시스템이었다. 이제는 관계여야 한다. 공공은 사람 곁에 머무는 방식으로 다시 설계되어야 한다. 관계 맺는 행정, 기다리는 복지, 다가가는 정책. 기본서비스는 그 변화의 최전선에서 작동해야 한다. '찾아가는 돌봄', '동네 건강지킴이', '심리방문 상담', '디지털 동행' 같은 새로운 서비스들이 바로 그런 공공의 진화된 얼굴이다.

정책이 더 작아지고, 더 가까워지고, 더 오래 머무는 것, 그것이 기본사회가 지향해야 할 공공성의 윤리다. 공공은 더는 추상적인 단어일 수 없다. 그것은 누군가의 현관 앞에 다녀간 발자국이어야 하고, 말없이 기다려주는 창구의 눈빛이어야 하며, 다급한 전화 한 통에 바로 달려올 수 있는 거리여야 한다. 기본소득이 모든 이에게 도달하는 손이라면, 기본서비스는 그 손이 끝까지 머물러주는 온기다. 공공은 이름만으로는 완성되지 않는다. 그 이름이 누군가의 삶 곁에, 기억 곁에, 마음 곁에 조용히 남을 수 있어야 진짜가 된다.

## 기본서비스와 기본소득의 만남

때때로 기본소득과 기본서비스는 마치 서로 경쟁하는 개념처럼 여겨진다. '현금을 줄 것인가, 복지를 줄 것인가.' '선택의 자유냐, 공공의 책임이냐.' '보편주의냐, 선별주의냐.' 서로 다른 철학을 지닌 두 흐름이 충돌하는 것처럼 보일 때가 많다. 하지만 그 둘은 적이 아니다. 기본소득과 기본서비스는 각각의 방향을 가진 두 개의 다리이지만, 서로를 향해 놓일 때에만 '건널 수 있는 길'이 된다.

기본소득은 사람이 다시 출발할 수 있도록 해준다. 한 사람의 삶을 무너뜨리는 위기를 단단하게 막아주는 방패 같은 역할이다. 반면 기본서비스는 삶의 안정성과 가능성을 넓히는 역할을 한다. 아이를 맡길 곳이 있고, 아프면 진료받을 수 있으며, 학교를 마친 뒤에도 배울 수 있는 기회가 열려 있다면, 사람은 단지 살아남는 것을 넘어서 살아갈 수 있게 된다. 기본소득은 개인에게 닿고, 기본서비스는 공동체를 감싼다. 하나는 '지금 여기'의 삶을 떠받치고, 다른 하나는 '조금 먼 내일'을 준비하게 해준다. 이 두 축이 각자의 기능을 지키면서도 나란히 놓일 때, 우리는 비로소 누구도 배제되지 않는 사회를 그릴 수 있다.

예를 들어보자. 청년에게 기본소득이 주어지면, 그는 당장의 생계를 위해 '원치 않는 일'을 하지 않아도 된다. 그러나 그에게 공공도서관, 평생학습센터, 정신건강상담소 같은 기본서비스가 없다면 그 시간은 외로움으로, 방황으로 흘러갈 수 있다. 반대로, 상담과 교육이 준비되어 있어도 그에게 이동비조차 없다면, 그 서비스는 존재하지만 도달할 수 없는 꿈이 된다. 그래서 기본소득과 기본서비스는 서로를 전제하지는 않지만, 서로 없이는 온전히 기능할 수 없는 관계다.

기본소득이 당신의 손을 잡고 다시 일으킨다면, 기본서비스는 그 손을 놓지 않고 곁을 지켜주는 존재다. 기본소득은 당신에게 "괜찮다"고 말하고, 기본서비스는 당신에게 "같이 가자"고 말한다. 기본사회는 그 둘이 함께 있을 때만 가능해진다. 그리고 그것은 사회가 단지 문제를 '해결'하는 기계가 아니라, 사람을 품는 방식으로 진화하고 있다는 증거가 된다. 어느 한쪽을 선택해야 하는 것은 아니다. 오히려 두 축을 연결하는 가교를 놓아야 한다. 소득의 보장과 서비스의 보호가 서로를 밀어주는 방식, 그 방식이 곧 기본사회가 작동하는 원리다. 기본소득과 기본서비스는 함께 나아갈 수 있을 때, 비로소 모두가 도달할 수 있는 사회를 만든다.

하지만 여기서 우리는 한 가지 깊은 질문과 마주해야 한다. 기본소득이 사람을 일으키고, 기본서비스가 그 곁에 머무는 이 두 축을 가능하게 하려면, 지금 이 시대가 품고 있는 또 하나의 가능성을 외면해서는 안 된다. 그것은 바로 AI와 재생에너지라는 새로운 성장의 토대 위에 세워지는 기본사회다. 단지 재정의 부족을 걱정하기 전에 우리는 먼저 물어야 한다. 어떻게 성장의 과실을 함께 나눌 것인가. 누구의 기술과 자원을, 누구와 함께 소유할 것인가. 그에 앞서 이제까지 언급한 기본서비스를 구성하는 핵심적인 기둥들에 대해 이야기해보자.

# 6장
# 기본서비스를 구성하는 아홉 개의 중추

### 기본주거 — 몸을 눕힐 수 있는 최소한의 공간

사람은 누구나 하루가 끝나면 아무 걱정 없이 몸을 누일 수 있어야 한다. 어디서든 씩씩하게 버티라는 말은 듣기엔 좋지만, 사실은 잔인하다. 버틴다는 건 그 자체로 많은 에너지를 쓰는 일이고, 버틴 사람은 결국 언젠가 쉴 수 있는 자리를 찾고 싶어지기 마련이다. 그래서 집은 단순한 거처가 아니다. 집은 하루의 끝에 안심하고 몸을 내려놓을 수 있는 공간이다. '소유' 이전에 '쉼'의 문제이고, '투자자산'이 아니라 '존재 보존'의 조건이다.

하지만 우리는 점점 그 당연한 사실을 잊고 살아간다. 도시의 가장자리에, 혹은 도시의 가장 중심에조차 누군가는 천장이 너무 낮아 허리를 펼 수 없는 방에서 잠을 자고, 누군가는 물이 새는 천장 아래에서 아이를 재운다. 누군가는 임대 계약서 한 장 없이, 말도 없이 나가야 하는 '그날'을 매일 같이 불안하게 기다린다. '주거 불안'이라는 말은 너무 온순하다. 사실 그 말이 말하려는 건 삶 전체의 불안정성이다. 집이 없다는 건 단지 공간이 없다는 뜻이 아니다. 예측할 수 없는 미래와, 쫓기듯이 살아야 하는 오늘과, 어디에도 몸을 기댈 수 없다는 감정이 매일 덮쳐오는 상태다.

기본주거는 바로 거기서 출발한다. '집이 필요한 사람'이 아니라, '집이 필요 없는 사람이 없다는 사실'에서 출발하는 제도다. 모두에게 똑같은 형태의 주택을 제공하자는 이야기가 아니다. '무주택'이라는 조건을 기준 삼아 수혜자를 나누자는 것도 아니다. 기본주거는 집을 '조건'으로 두지 않는 사회, 누구에게나 '적절한 수준의 주거권'을 기본값으로 보장하는 사회를 지향한다.

물론 여기서 말하는 '기본'은 최저 생존이 아니다. 비바람을 막고, 프라이버시를 보장하며, 삶의 최소한의 품격을 지킬 수 있는 안정된 공간. 그 공간에서 관계를 맺고, 하루를 정리하고, 내일을 그려볼 수 있는 생활의 기반. 이것이 기본주거의 핵심이다. 핀란드는 2008년부터 '하우징 퍼스트Housing First'라는 정책을 도입했다. 이 정책의 핵심은 단순하다. 노숙인에게 다른 어떤 조건도 묻지 않고 먼저 '주거'를 제공한다. 중독 치료, 정신 건강, 취업 상담 등은 그 이후에 다뤄진다. 그리고 이 전략은 놀라운 성과를 보였다. 핀란드의 노숙인 수는 절반 이하로 줄었고, 장기적으로는 복지 예산도 절감되었다. 왜일까? 사람은 '먼저 살아낼 수 있는 자리'를 가질 때 비로소 자신의 삶을 다시 회복할 수 있기 때문이다. 한국에서도 서울시의 '희망하우징', 성남시의 '청년 기본주택', 지방의 공공임대 전환형 매입주택 모델 등이 그 가능성을 보여주고 있다.

하지만 아직 기본주거는 제도 바깥에 머물러 있다. 공공주택은 여전히 '사회적 약자'만을 위한 공간으로 인식되며, 주거권은 권리라기보다 복지 혜택처럼 다뤄진다. 기본주거는 단지 주택을 공급하는 정책이 아니다. 그것은 사회가 이렇게 말하는 것이다. "당신은 여기 살아도 되는 사람입니다"라는 말. 그 한마디가 지닌 무게는 천장의 높이나 벽지의 재질보다 훨씬 크다.

기본사회는 그 말을 아끼지 않는 사회여야 한다. 누군가의 하루가 끝나는 자리에 몸을 누일 수 있는 '최소한의 공간'이 항상 준비된 사회. 그 공간이 있을 때, 사람은 오늘을 끝내고, 내일을 시작할 수 있다. 그것이 기본서비스의 첫 번째 조건이다. 그것이 기본주거다.

## 기본의료 — 아플 수 있는 권리

사람은 누구나 아플 수 있다. 그리고 아플 수 있다는 건 살아 있다는 뜻이기도 하다. 문제는 아픈 것이 죄처럼 느껴질 때다. 아프다는 이유로 미안해지고, 병원에 가는 것이 눈치 보이고, 비용이 두려워 아픈 걸 참는 사람이 많아진 사회는 사람이 병보다 더 작아진 사회다. 우리는 묻는다. "지금 이 사회에서 누구나 마음 놓고 아플 수 있는가?"

기본의료란 그 질문에 대한 가장 근본적인 응답이다. 병이 생겼을 때 의료를 '받을 수 있는지'가 아니라, 처음부터 그런 권리가 '주어져 있는지'를 묻는 것이다. 기본의료는 '공짜 의료'를 의미하지 않는다. '모든 사람에게 최고의 의료기술을 제공한다'라는 약속도 아니다. 그보다는 '누구도 치료받을 수 없어서 병을 키우게 두지 않겠다'라는 사회의 선언이다. 다시 말해 기본의료는 단지 치료의 문제를 넘어서 삶의 회복을 뒷받침하는 안전매트이다. 진단과 처방 이전에, 사람을 사람으로 대하는 의료, 병이 아니라 '아픈 사람'의 일상과 생애를 살펴보는 관점이다.

핀란드는 기본의료를 '보편적 권리'로 가장 먼저 제도화한 나라 중 하나다. 공공의료기관 '보건 서비스'를 뜻하는 테르베이스팔벨룻Terveyspalvelut은 동네 어디서나 접근이 가능한 1차 진료 네트워크를 구축해 주민이 의료의 접근성과 예방 중심의 서비스를 일상처럼 누릴 수 있도록 설계되어 있다. 특히 고령자, 장애인, 만성질환자의 건강관리에는 의사뿐 아니라 간호사, 사회복지사, 물리치료사까지 연계되는 통합 돌봄 체계가 운영된다.

한국에서도 이런 실험이 전혀 없었던 것은 아니다. 서울시의 공공의료 확충 계획, 부산시의 건강돌봄센터 시범사업은 기본의료가 어떤 방향으로 실현할 수 있을지를 보여주는 중요한 시작점이다. 예컨대 전북특별자치도 익산시는 '건강생활지원센터'를 중심으로 노인과 취약계층을 위한 찾아가는 건강관리, 정기적 건강 상담, 일상 맞춤형 예방교육 등을 제공하고 있다.

이러한 사업들은 단지 의사를 만나는 것을 넘어서, '의료를 일상 속으로 끌어오는 방식'으로 기능한다. 그리고 바로 그 지점이 기본의료가 말하는 존재 기반의 복지다. 기본의료는 선택이 아니라 사회가 사람을 받아들이는 방식이다. "아파도 된다"라고 말할 수 있는 사회. 그리고 "그 아픔은 당신 혼자만의 몫이 아니다"라고 말할 수 있는 사회. 그 말이 현실이 될 수 있도록 제도와 예산과 정치가 뒤따라야 한다.

지금 한국 사회의 의료 체계는 뛰어난 기술과 유능한 의료진이 있지만, 여전히 치료 중심, 경쟁 중심, 환자 쏠림 현상으로 무너지는 중이다. 기본의료는 이 방식에 균열을 내는 시작점이다. 병원이 아니라 지역에, 치료가 아니라 예방에, 의사가 아니라 공동체 전체에 중심을 두는 의료. 그런 의료가 존재할 때, 사람은 비로소 아파도 괜찮은 사회 안에 살 수 있다. 그리고 그 사회는 강한 사회가 아니라 견딜 수 있는 사회다.

## 기본돌봄 — 혼자서는 살아낼 수 없는 시간들

사람은 누구나 혼자 살아갈 수 없다는 사실을 어느 순간 절실하게 깨닫게 된다. 그 순간은 아주 개인적이고, 예고 없이 찾아온다. 아이가 태어나고, 부모가 아프고, 몸이 다치고, 마음이 무너지고, 갑작스레 누군가 곁에 없을 때, 그때 사람은 비로소 깨닫는다. 내가 누군가의 돌봄 없이 버틴다는 건 착각이었다는 걸.

하지만 우리 사회는 오랫동안 돌봄을 여성의 몫, 가족의 의무, 사적 책임으로 여겨왔다. 돌봄은 사적인 영역으로 밀려났고, 누군가를 돌보는 사람은 무급으로, 무명으로 무한한 책임을 떠안았다. 그리고 그 책임은 대부분 여성에게 전가되었다. 그 결과 돌보는 사람도, 돌봄을 받는 사람도 모두 고립되었다.

기본돌봄은 이 고립의 연결을 끊는 제안이다. 누구나 언젠가는 돌봄이 필요한 시기를 지나고, 누구나 언젠가는 누군가를 돌보는 역할을 맡게 된다. 그러므로 돌봄은 일부의 일이 아니라 모두의 삶에 속한 일이다. 기본돌봄은 국가나 지자체가 '돌봄의 책임을 인식하고, 구조화하고, 일상화하는 체계'를 말한다.

핵심은 다음 세 가지다. 첫째, 돌봄은 사적인 희생이 아니라 공적인 권리이자 노동이다. 둘째, 돌봄을 받는 사람도 존엄을 가진 시민으로 존중받아야 한다. 셋째, 돌봄은 사회 전체가 함께 감당해야 할 기본 인프라다. 그렇다고 돌봄 서비스를 국가가 전담하자는 말은 아니다. 기본돌봄은 공공이 돌봄의 기반을 만들어주고, 사회가 함께 이를 유지하는 순환 체계를 말한다. 동네마다 어르신이 혼자 쓰러지지 않도록 매일 안부를 묻는 사람이 있고, 아동이 방과 후 집에 혼자 있지 않도록 돌봄센터가 열려 있고, 가족을 간병하는 이가 쉴 수 있도록 대체 돌봄 인력이 파견되고, 정신적으로 고립된 사람이 사회로 다시 나올 수 있는 관계망이 형성되는 사회. 이 모든 것이 기본돌봄의 조건이다.

여기서 중요한 것은 돌봄이 단지 복지정책의 하위 분과가 아니라 기본사회 전체의 작동 원리라는 점이다. 기본사회는 소득과 서비스, 기술과 제도 이전에 서로의 존재를 보살피는 윤리를 기반으로 서 있다. 그리고 그 윤리가 실현되는 첫 자리가 바로 '돌봄'이다. 돌봄을 공공의 언어로 되돌리는 순간, 사회는 달라지기 시작한다. 보살피는 사람이 가난하지 않고, 보살핌을 받는 사람이 부끄럽지 않은 세상, 그것이 기본돌봄이 지향하는 미래다.

기본돌봄의 비전은 국내외에서 다양한 형태로 실험되고 있다. 한국에서는 보건복지부 주도로 추진 중인 지역사회 통합돌봄(커뮤니티케어) 사업이 대표적 사례다. 노인, 장애인, 정신질환자 등 돌봄이 필요한 이들이 요양병원이나 시설 대신 자신이 살아온 동네에서 일상과 관계를 유지한 채 돌봄을 받을 수 있도록 주거, 건강, 복지 서비스를 통합적으로 제공하는 모델이다. 전국 30개 시군구에서 시범 운영 중이며, 지역 중심의 분산형 돌봄 체계가 실현 가능한 대안임을 보여주고 있다.

또한 전국적으로 시행 중인 아이돌봄서비스는 맞벌이 가정이나 한부모 가정의 아동을 대상으로 시간제 혹은 종일제 돌봄 인력을 연계해주는 제도로, 부모의 양육 부담을 덜고 아동의 정서적 안전을 지키는 데 기여하고 있다. 이러한 공공 기반 돌봄은 가족의 돌봄 책임을 온전히 개인에게 전가하지 않도록 하는 돌봄의 사회화 방향을 제시한다.

해외에서도 돌봄을 공동의 책임으로 끌어안는 다양한 제도들이 존재한다. 일본의 종합사회복지센터는 지역 내 노인, 아동, 장애인 등을 대상으로 민간과 공공이 협력하는 복합 돌봄 모델을 운영하고 있으며, 주민 스스로도 돌봄 주체가 되어 지역 공동체 차원의 보살핌이 이뤄지도록 설계되어 있다. 또한 스웨덴은 '가족 돌봄자 지원제도'를 법제화하여 가족 내에서 간병이나 돌봄을 담당하는 사람에게도 상담 서비스, 대체 인력 제공, 유급 휴가, 수당 등 제도적 지원을 보장하고 있다.

이처럼 '돌봄을 담당하는 사람을 돌보는 제도'는 돌봄의 지속 가능성과 존엄성을 지켜내는 핵심 조건이다. 이 모든 사례는 말한다. 돌봄은 개인의 희생이 아니라, 사회가 함께 짊어져야 할 기본의 책임이라는 것을. 그 책임을 나누는 순간 사람은 더 이상 혼자 살아가지 않아도 되는 사회에 다다를 수 있다. 기본돌봄은 그 길의 시작점이다.

## 기본교육 — 출발선의 차이를 좁히는 힘

누구도 태어나는 곳을 선택할 수 없다. 누구의 아들과 딸로, 어느 동네에서, 어떤 언어를 들으며 자랄지 모두 자신의 의지와 상관없이 주어진다. 그리고 그 '처음의 조건'은 그 사람의 말투, 가능성, 심지어 꿈꾸는 범위까지도 결정짓곤 한다.

교육은 그 '처음의 조건'이 사람의 가능성을 가로막지 않도록 보완해주는 사회의 장치다. 누군가는 책상이 세 개쯤 있는 방에서 자라고, 누군가는 소음과 눈치 속에서 하루를 버틴다. 누군가는 아침을 먹고 등교하고, 누군가는 빈속으로 학교에 간다. 같은 교과서를 펼치지만, 출발선은 이미 너무 멀리 떨어져 있다.

기본교육은 이 불공정한 출발선의 간극을 줄이는, 첫 번째 '공공의 개입'이다. 모두를 똑같이 만들자는 것이 아니다. 기본교육이 지향하는 것은 일제식 교육이 아니라, 모두가 '가능성의 문 앞'에 서볼 수 있도록 안내한다. 문을 여는 건 각자의 몫이지만, 적어도 그 문 앞까지는 사회가 함께 데려다줘야 한다.

지금 한국 사회의 교육은 세계적으로 높은 수준의 성취를 자랑한다. 하지만 그 이면에는 심각한 교육 격차와 피로감, 사교육 의존, 그리고 '좋은 대학'이 곧 '좋은 인생'으로 이어진다는 위태로운 신화가 여전히 자리하고 있다. 그 속에서 많은 아이들은 '배움의 기쁨'보다는 '탈락하지 않기 위한 사투'를 먼저 배운다. 기본교육은 그 흐름을 바꾸는 일이다. 배움이 경쟁이 아니라 삶의 도구이자 권리가 되도록. 그 권리가 지역에 따라, 부모 소득에 따라, 장애 유무나 성별, 이주 배경에 따라 차별받지 않도록. 어린 시절의 경험이 그 사람의 한계를 규정하지 않도록.

핀란드는 교육은 '기회 균등의 인프라'라는 원칙에 따라 초등부터 고등까지 모든 교육을 무상으로 제공한다. 교과 수업뿐 아니라 급식, 방과 후 활동, 심리상담, 학습 지원까지 통합적으로 제공되며, 교사의 사회적 위상이 높고, 경쟁 대신 배려와 협력 중심의 학습 환경이 조성된다. 그 결과 핀란드는 높은 학업 성취와 더불어 학생의 행복지수와 사회적 신뢰도까지 세계적으로 높은 편이다. 한국에서도 희망의 조짐은 있다. 서울시의 공공 방과후학교 모델, 세종시의 마을교육공동체 실험, 무상급식·무상교복(개인적으로 무상급식과 무상교복은 '기본급식'과 '기본교복'으로 명칭부터 바꿔야 한다고 생각한다) 정책 등은 교육을 보편적 권리로 회복하려는 움직임들이다.

하지만 여전히 교육은 부모의 정보력과 재산, 사교육비와 주거지의 수준에 크게 의존한다. '공교육'이 존재하되 '기회의 평등'이 보장되지 않는 이 구조에서 기본교육은 단지 하나의 정책이 아니라, 사회 전체가 교육을 대하는 태도를 바꾸는 시도가 되어야 한다. 아이들이 두려움 없이 질문하고, 실패하더라도 존중받으며 다시 시도할 수 있는 공간, 그곳이 학교여야 한다.

그 공간이 바로 기본사회가 보장해야 할 첫 번째 공적 문화의 자리다. 기본교육은 이렇게 말하는 제도다. "출발선이 다르더라도, 가능성은 누구에게나 열려 있어야 한다." 이 문장을 진심으로 믿는 사회라면, 교육은 투자도 비용도 아닌, 누구나 사람답게 살 수 있도록 해주는 출발선이 될 수 있다.

## 기본교통 ─ 이동의 자유, 연결의 권리

사람은 움직이며 산다. 움직일 수 있다는 건 단순한 물리적 기능이 아니다. 세상과 연결될 수 있다는 뜻이고, 나를 위한 선택지를 갖고 있다는 의미이며, 삶을 능동적으로 꾸려갈 가능성의 시작이다. 그런데 우리 사회에서 이 '움직일 수 있음'은 누군가에겐 너무 당연하고, 누군가에겐 너무 먼 일이다. 서울 도심 한복판에서는 2~3분 간격으로 지하철이 오고, 24시간 버스가 달리지만, 도시의 가장자리에선 하루에 몇 번 없는 마을버스를 놓치면 그날의 병원 예약, 아르바이트, 면접 기회 모두를 잃게 되는 일상이 반복된다.

교통은 공간의 문제가 아니라 사람의 권리 문제다. 이동할 수 있는 사람과 그렇지 못한 사람 사이에는 시간, 정보, 안전, 비용, 심리적 거리까지 전부 다른 세계가 존재한다. 기본교통은 바로 이 간극을 메우기 위한 사회의 선택이다. 이동권을 단지 교통편의 개선이 아니라, 삶의 접근성과 존엄을 보장하는 일종의 사회적 기본권으로 인식하는 것이다. 특히 고령자, 장애인, 아동, 청소년, 여성, 저소득층, 비도심 거주자에게 교통은 일상의 조건을 바꾸는 절대적 변수다. 버스를 탈 수 있는가, 엘리베이터가 있는가, 안전하게 걸을 수 있는가, 갈 수 없는 곳이 있다는 이유만으로 배제되지 않는가, 이 모든 것이 기본교통이 해명하고자 하는 질문이다.

해외에서는 상당히 체계적인 접근이 눈에 띈다. 오스트리아의 빈Wien은 전 시민에게 연 365유로(한화로 약 50만 원)에 무제한 대중교통 이용권을 제공하고 있으며, 이를 통해 자가용 이용률은 줄고, 대중교통 이용률은 40퍼센트를 넘는 수준으로 증가했다. 이 정책은 '모두를 위한 이동권'이라는 철학을 기반으로 하며, 교통정책이 도시정책의 핵심으로 작동할 수 있음을 입증했다. 핀란드 헬싱키는 '2030년까지 자가용 없는 도시'를 목표로 모바일 기반 통합 교통 시스템MaaS: Mobility as a Service을 구축하여, 버스, 지하철, 택시, 전동 킥보드, 렌터카, 자전거까지 하나의 앱 안에서 통합·정산·예약이 가능한 시스템을 만들었다. 이렇게 설계된 시스템은 단순히 교통수단을 제공하는 것이 아니라, 누구든 언제든 목적지에 도달할 수 있다는 '접근성'을 사회가 책임지는 방식이다.

기본교통이란 '내가 있는 곳이 어디든 중심이 될 수 있는 권리'를 보장하는 사회적 틀이다. 출발지의 조건 때문에 기회에서 멀어지지 않도록, 누구든 이동할 수 있다는 확신이 삶의 기본값이 되도록 기본사회는 길을 만드는 사회가 되어야 한다. 그리고 그 길 위에 사람이 있다.

이러한 기본교통의 비전은 이미 곳곳에서 현실의 실험으로 나타나고 있다. 전북 남원시는 고령자와 장애인을 위해 연간 일정 금액의 교통카드를 지원하며, 일상의 이동에서조차 차별받지 않도록 배려의 교통 시스템을 조성하고 있다. 경기도 화성시와 세종시는 '교통약자 이동권 보장 조례'를 제정해, 보편적 이동권을 법적 권리로 선언하고 구체적인 정책 실행에 나섰다. 서울시는 좀 더 광범위한 접근을 시도하고 있다. 청소년 무상 교통카드 확대, 지하철 전역의 엘리베이터 설치, 시각장애인을 위한 음성안내 시스템 도입 등을 통해 교통을 단순한 인프라가 아닌 복지의 일환으로 다루려는 전환의 흐름을 보여준다. 이는 교통이 단지 움직이는 수단이 아니라 도시의 삶을 지탱하는 기반이라는 점을 잘 보여주는 사례다.

이처럼 기술을 통해 누구든 언제든 어디든 갈 수 있도록 접근 가능성과 이동의 자유를 제도화한 모델은 기본교통이 지향해야 할 미래를 선명히 비춰준다. 이 모든 실천은 우리에게 한 가지 중요한 사실을 일깨운다. 이동은 선택의 문제가 아니라 존재의 조건이라는 것. 길이 없어서 가지 못하는 사람은 결국 선택받지 못하는 사람이 된다.

기본교통은 그래서 단지 '탈 수 있는 것'을 넘어서 '살 수 있는 세계'에 연결되게 하는 체계다. 기본사회는 이 연결의 가치를 잊지 않아야 한다. 누구든 출발할 수 있어야 하며, 어디든 도착할 수 있어야 한다. 그때 사람은 고립되지 않고 살아갈 수 있다.

## 기본에너지 — 전기와 난방, 삶을 켜는 힘

겨울밤 방 안이 너무 추우면 사람은 침묵하게 된다. 이불 안에서 몸을 움츠리며 그저 시간이 지나기만을 기다린다. 찬 공기는 말보다 빠르게 사람을 지운다. 말이 줄고, 움직임이 줄고, 마침내 관계도 끊어진다. 그렇게 어느 집의 불빛은 점점 꺼지고, 사회로부터 조용히 멀어져간다.

전기와 난방, 물과 연료, 이 모든 것은 기술이나 자원이 아니라, 사람이 삶을 '지탱할 수 있도록' 작동하는 숨은 기본 조건이다. 그리고 이 기반은 누구에게나 평등하게 주어져야 한다. 그러나 현실은 다르다. 계량기가 끊긴 전기, 기름보일러를 한 달 넘도록 켜지 못한 방, 가스요금 고지서를 손에 쥔 채 몇 번을 접었다 폈다를 반복하는 손. '에너지 빈곤'은 조용하지만 잔혹하게 사람을 사회에서 밀어낸다.

에너지 권리는 생존의 권리다. 단지 따뜻한 겨울을 위한 '편의'가 아니다. 기본적인 생활, 학습, 노동, 돌봄, 건강, 관계 모두가 에너지를 사용할 수 있다는 전제 위에서 가능해지는 것들이다. 기본에너지는 바로 그 전제를 모두에게 보장하자는 사회의 약속이다. 최저 생계비에 난방비를 포함하는 것도, 취약계층의 에너지비용을 국가나 지자체가 보조하는 것도, 단지 '도와주는 복지'가 아니라 존엄을 위한 사회적 연대의 표현이다.

유럽연합은 2000년대 초반부터 에너지 빈곤이라는 개념을 제도적으로 도입했다. 특히 영국은 에너지 요금이 가구 소득의 10퍼센트 이상일 경우를 '에너지 빈곤 상태'로 정의하고, 취약 가구에 연료 보조금을 제공하거나 주택 단열 개선을 지원하는 제도를 시행하고 있다. 프랑스 역시 저소득층에 대해 '사회적 에너지 요금제'를 운영해, 정해진 기준 이하의 소득 가구에는 전기·가스 사용량의 일부를 감면해주고, 계량기 차단을 일정

기간 유예해주는 정책을 마련했다.

한국에서는 최근 '에너지 바우처' 제도가 시행되고 있다. 에너지 취약계층에 여름철 냉방, 겨울철 난방에 필요한 전기·가스·연료 비용을 지원한다. 하지만 지원 대상과 금액은 여전히 한정적이며, 사각지대에 놓인 이들이 많다. 다행히 몇몇 지자체는 새로운 실험을 시작했다. 경기도 시흥시는 저소득 1인 가구를 위한 주택 단열 개선과 에너지 효율 보조금을 지원하며, 서울시는 태양광 미니발전소를 보급해 에너지 자립을 높이려는 프로젝트를 추진 중이다. 일부 농촌 지역에서 주민 참여형 재생에너지 사업을 통해 생산된 전기 수익을 배당금 형태로 지역 주민에게 나누는 공유부 배당 모델도 시도되고 있다.

기본에너지는 결국 이렇게 말하는 제도다. "당신이 어디에 살든, 어떤 조건에 있든, 전기와 난방을 걱정하지 않아도 되는 사회를 만들겠다." 그 말이 현실이 되는 순간, 사람은 움츠러든 몸을 펴고 다시 움직이기 시작한다. 관계가 돌아오고, 배움이 시작되고, 건강이 지켜지고, 무너졌던 삶이 다시 켜진다. 에너지는 단지 빛을 밝히는 것이 아니라 삶의 가능성을 다시 점등하는 일이다. 그리고 그 점등을 사회가 함께 책임질 때, 우리는 그것을 기본에너지라고 부른다.

## 기본통신 — 디지털 시대의 생존 인프라

예전에는 집 주소가 사람을 찾아주는 정보였다면, 이제는 휴대전화 번호와 이메일 주소, 그리고 인터넷 연결 상태가 삶의 '접속 여부'를 결정짓는 시대다. 와이파이가 끊긴 순간, 사람은 단지 불편해지는 것이 아니라 세상과의 연결에서 탈락한다. 온라인 수업에 접속하지 못한 아이, 복지 신청을 하지 못한 노인, 공공 알림이나 긴급재난문자를 받지 못한 장애인, 가까운 병원의 정보조차 검색할 수 없는 노숙인. 이제 통신은 선택의 문제가 아니다. 정보에 접근할 수 있는가, 신호를 보낼 수 있는가, 응답을 받을 수 있는가, 그 질문에 따라 삶의 안전, 기회, 존엄이 결정된다.

기본통신은 그런 점에서 디지털 시대의 새로운 생존 인프라다. 전기나 수도처럼 인터넷과 모바일 통신은 누구에게나 보장되어야 할 일상의 기반이어야 한다. 그리고 그 권리는 나이, 지역, 소득, 장애 유무와 무관해야 한다. 한국은 세계 최고 수준의 인터넷 인프라를 자랑한다. 그러나 그 빠른 망과 고속 통신의 혜택은 모두에게 똑같이 주어지지 않는다. 농촌과 도시의 차이, 노인과 청년의 차이, 장애 유무에 따른 접근성과 이해도, 정보 격차는 점점 더 보이지 않게 사람들 사이를 갈라놓는다. 특히 코로나19 팬데믹은 디지털 격차의 실체를 적나라하게 드러

냈다. 학교가 온라인으로 전환되었을 때, 태블릿이 없는 아이는 교실 밖으로 쫓겨났고, 노트북을 함께 써야 하는 형제는 시간표보다 먼저 눈치를 배워야 했다. 화상회의, 재택근무, 비대면 진료, 온라인 상담, 모든 것이 연결을 전제로 이루어졌지만, 그 연결은 누군가에게는 일상이었고, 누군가에게는 장벽이었다.

기본통신은 그 장벽을 허물기 위한 설계다. 단순히 와이파이를 설치하는 문제가 아니다. 접속 가능한 기기를 제공하고, 디지털 문해력을 교육하며, 고령자와 장애인을 위한 대체 접근 수단을 확보하고, 모두가 정보를 수신하고 발신할 수 있도록 사회가 돕는 체계가 기본통신인 것이다. 독일은 이미 '인터넷 접속권'을 헌법적 권리로 인정했고, 핀란드는 2010년에 모든 국민에게 1Mbps 이상 속도의 인터넷을 기본권으로 보장하는 세계 최초의 법을 시행했다. 스페인과 프랑스는 저소득층을 위한 통신비 지원제도를 마련하고 있으며, OECD 국가 대부분이 디지털 기본권을 정책 의제로 적극 논의 중이다.

한국도 변화를 시작하고 있다. 서울시와 경기도 일부 지역에서 통신 취약계층을 위한 공공 와이파이 확대, 청소년과 저소득층에게 데이터 요금 지원을 제공하는 사업이 추진되고 있고, 일부 지자체는 복지 서비스 신청의 디지털 접근성 문제를 해결하기 위해 '디지털 배움터'나 '찾아가는 스마트폰 교실' 같은 서비스를 시도하고 있다. 하지만 아직은 제도화가 미비하고, 통신

취약을 '기술력 부족'이 아닌 '사회 구조의 문제'로 보는 인식 자체가 부족하다.

기본통신은 이렇게 말하는 서비스다. "당신도 접속할 수 있어야 합니다." "당신도 응답받을 수 있어야 합니다." 그 권리가 확보되는 순간, 사람은 사회로부터 소외되지 않고, 정보와 기회에서 배제되지 않으며, 연결될 수 있다는 감각 속에서 다시 삶을 꾸릴 수 있다. 기본소득이 생존의 숨을 틔워주었다면, 기본통신은 그 숨이 사회와 이어지는 길을 만들어준다.

## 기본금융 – 금융의 문을 다시 열다

가난한 사람은 돈이 없을 뿐 아니라 돈을 빌릴 기회조차 없다. 신용이 없다는 이유로, 보증할 자산이 없다는 이유로, 예금 내역이 없고 거래 기록이 없다는 이유로 은행의 문은 열려 있어도 실제로는 들어갈 수 없는 사람들. 그래서 사람들은 때로 고금리 대출을 택하고, 한 번의 연체는 또 다른 연체를 부르며, 마침내 금융 시스템 바깥으로 밀려난다. 그렇게 누군가는 '금융 약자'가 된다. 아니, 정확히 말하면 금융 시스템이 약자를 거부함으로써 누군가를 더욱 약하게 만든다.

기본금융은 그런 배제의 메커니즘을 멈추기 위한 장치다. 단순히 금융을 '확대'하는 것이 아니라 금융의 정의를 다시 쓰는 작업이다. 사람이 자본이 없다고 해서 미래를 꿈꾸지 못하는 사회는 정당한가? 불안정하다는 이유만으로 필요할 때 아무 데서도 손을 빌릴 수 없는 제도는 과연 공정한가?

기본금융은 이렇게 말한다. "자산이 없어도, 신용이 없어도, 당신에게도 금융은 열려 있어야 한다." 기본금융은 삶의 긴 주기 속에서 누구나 한 번쯤은 도움이 필요해지는 순간을 전제하고 설계된다. 청년이 학자금 대출을 감당하지 못할 때, 갑작스러운 질병이나 가족의 사고로 생계가 흔들릴 때, 자영업자가 폐업 후 재기할 기반을 잃었을 때, 은퇴한 고령자가 생활비 부족으로 사회보장제도 바깥으로 밀려날 때, 기본금융은 그 순간마다 다시 시작할 수 있는 최소한의 디딤돌이 되어야 한다.

이미 여러 나라에서 이 방향의 실험이 진행 중이다. 프랑스는 '연대금융 Microcredit Solidaire' 제도를 통해 신용등급이 낮거나 자산이 없는 사람에게도 사회적 기업이나 공공기관을 통한 소액 대출을 보장한다. 이러한 금융은 단지 돈을 빌려주는 행위가 아니라, 상환 가능성과 회복 가능성을 중심에 둔 '동행의 금융'이다. 핀란드는 청년층을 대상으로 한 무이자 생계 대출과 장기 실업자에게는 재정 컨설팅과 병행되는 채무조정 프로그램을 운영해 단기 위기를 '생애 낙오'로 만들지 않도록 제도화하고 있다.

한국에서도 가능성은 있다. 서울시와 성남시에서 시도한 청년 기본금융 모델은 자산이 없고 소득이 일정치 않은 청년에게 저금리·무담보의 생활자금 대출과 상환 유예제도를 제공하면서 '신용이 아닌 권리로서의 금융'을 제도화하려는 시도에서 고안되었다. 또한 최근에는 경기도 기본대출 제도 논의처럼, 지방정부 차원에서 사회적 위험을 분산하는 공공금융 모델에 대한 관심도 커지고 있다. 기본금융은 사회가 우리에게 말하는 것이다. "당신의 가능성에 투자할 준비가 되어 있다." 그 한 문장이 주는 신뢰는 때로 큰 자본보다 더 큰 회복의 힘이 된다.

이제는 물어야 한다. 금융은 누구를 위해 존재하는가? 자본이 없는 사람에게 금융은 어떤 얼굴로 다가가야 하는가? 기본사회는 이 질문 앞에서 멈추지 않는다. 기본금융은 불평등한 자산 격차에 맞선 최소한의 방파제이자, 기회의 문턱을 낮추는 공공의 사다리다. 누구도 시작조차 못 해본 채 포기하지 않도록. 기회가 있던 사람만 성공하는 사회가 아니라, 기회가 주어진 사회를 만들기 위해 기본금융은 반드시 필요하다. 그것은 돈의 문제가 아니라 신뢰의 구조를 복원하는 문제이기 때문이다.

## 기본문화 — 문화는 기본이다

삶은 단지 생존만으로는 버틸 수 없다. 밥을 먹고, 몸을 씻고,

잠을 자는 것만으로는 사람이 사람으로 존재하는 감각을 온전히 유지하기 어렵다. 우리는 이야기를 듣고, 노래를 따라 부르고, 한 장의 그림 앞에 멈춰 서고, 연극 속 타인의 감정에 몰입하며 비로소 자신이 살아 있음을 느낀다. 그러나 문화는 언제나 가장 나중에 이야기된다. 정책의 후순위에 놓이고, 지원의 마지막 줄에 서며, 위기 상황에서는 가장 먼저 끊기는 항목이 된다. '문화는 여유가 있는 사람들의 것'이라는 인식, '예술은 사치'라는 오래된 편견은 결국 가난한 사람은 감정조차 누리지 말라는 선언이 되고 만다.

기본문화는 그 오래된 불문율에 맞서는 새로운 약속이다. '문화는 선택이 아니라, 삶을 지탱하는 감정의 기반이며, 모든 사람이 누려야 할 기본권'이라는 선언이다. 한 아이가 책을 읽을 기회가 없다는 건 단지 독해력이 부족하다는 의미가 아니다. 다른 세계를 상상할 수 있는 문을 열어본 적 없다는 뜻이다. 한 어르신이 연극을 본 적 없다는 건 단지 예술을 몰랐다는 뜻이 아니라 삶의 또 다른 감정을 느껴볼 기회조차 없었다는 뜻이다.

문화는 정보 이전에 감정의 흐름이고, 지식 이전에 공감의 훈련이다. 그리고 그 공감은 관계, 공동체, 민주주의, 사회적 회복력을 구성하는 가장 깊은 뿌리다. 핀란드는 공공도서관과 지역 문화센터를 '기본 인프라'로 규정하고, 국가가 모든 시·군 단위에 문화 접근 거점을 세웠다. 예술교육은 초등학교부터 고등

학교까지 정규 교과에 포함되어 있으며, 청소년과 저소득층을 대상으로 한 문화예술 바우처 제도도 전국 단위로 시행된다. 프랑스는 '문화민주화 Ministère de la Culture' 원칙에 따라 모든 국민이 문화에 접근할 수 있도록 박물관, 공연장, 영화관의 저소득·청년 무상 또는 감면 제도를 운용하며, 문화적 권리를 '사회의 통합력'과 '삶의 존엄'에 직결된 가치로 다룬다.

한국에서는 일부 지자체에서 가능성을 실험하고 있다. 경기도는 '문화누리카드'를 통해 연간 1인당 약 10만 원의 문화·관광·체육 바우처를 지급하며, 화성시, 성남시, 안산시 등은 바우처 기반의 문화기본소득 시범사업을 추진하고 있다. 또한 서울시 성북구와 전북 완주군 등은 마을 단위 예술교육과 문화자치 조례를 통해 시민의 문화 향유권을 공공정책으로 끌어들이는 실험을 이어가고 있다.

기본문화는 이런 흐름을 체계화하는 시도다. 공공이 문화에 개입하는 것이 아니라, 시민이 문화에 접근할 수 있는 문턱을 제거하는 구조를 만드는 일. 작은 책방 하나, 동네 극장 하나, 거리 공연 하나, 주말 미술 교실 하나가 한 사람의 감정 생태계를 지켜주는 절대적 의미가 있다는 것을 인정하는 제도. 기본소득이 삶의 물리적 기반을 세운다면, 기본문화는 그 삶에 감정을 불어넣고, 상상력을 키우고, 사람 사이를 잇는 역할을 한다.

사람이 무너지지 않고 살아간다는 건 먹고 자는 것만이 아니라, 웃고 울 수 있는 감정의 여백을 가질 수 있어야 한다는 뜻이다. 기본문화는 바로 그 여백을 보장하는 서비스다. 지방에도 예술이 있고, 노인에게도 영화가 있으며, 아이에게도 무대가 있고, 누구에게나 '괜찮아질 수 있는 감정의 공간'이 있는 그런 사회가 진짜 풍요로운 사회다. 그 풍요로움을 모두가 누릴 수 있을 때, 우리는 그것을 기본사회라고 부른다.

## 기본서비스 9대 영역 요약 도표

기본서비스는 개인의 선택이 아닌 모두가 누릴 수 있어야 할 사회의 기반이다. 기본사회는 단지 '돈을 나누는 방식'이 아니라, 삶을 지탱하는 서비스가 누구에게나 보장되는 사회를 지향한다. 이를 위해 우리가 상상하고 제안하는 기본서비스의 핵심 영역은 앞서 언급한 바와 같이 다음 아홉 가지다. 이 도표는 그 각각의 영역이 어떤 목적을 가지고, 어떤 방식으로 구현될 수 있는지를 간략히 정리한 것이다.

| 기본서비스 영역 | 핵심 개념 | '기본'이어야 하는 이유 | 국내외 대표 사례 |
|---|---|---|---|
| 기본주거 | 누구나 몸을 눕힐 수 있는 최소한의 공간 | 주거 불안은 곧 삶 전체의 불안정으로 이어짐 | 핀란드 '하우징 퍼스트', 서울 희망하우징 |
| 기본의료 | 아플 수 있는 권리 | 질병이 가난으로 이어지지 않도록 하기 위함 | 핀란드 보건소 모델, 지역사회 통합돌봄 |
| 기본돌봄 | 혼자서는 살아낼 수 없는 시간들 | 돌봄은 여성과 가족의 몫이 아니라 사회의 책임 | 일본 종합사회복지센터, 한국 커뮤니티케어 |
| 기본교육 | 출발선의 차이를 좁히는 힘 | 배움의 기회는 계층이 아닌 인간의 권리 | 핀란드 무상교육, 한국 무상급식, 무상교복 |
| 기본교통 | 이동의 자유, 연결의 권리 | 이동 불평등은 곧 기회와 정보의 불평등 | 오스트리아 365유로 교통권, 서울 청소년 무상교통 |
| 기본에너지 | 전기와 난방, 삶을 켜는 힘 | 에너지 접근은 생존과 직결 | EU 에너지 빈곤 대응, 한국 에너지 바우처 |
| 기본통신 | 디지털 시대의 생존 인프라 | 연결되지 못하면 배제된다 | 핀란드 인터넷 기본권, 서울 공공 와이파이 확대 |
| 기본금융 | 자본 없는 사람을 위한 금융 정의 | 금융 배제는 곧 기회 박탈 | 프랑스 연대금융, 성남 청년 기본금융 |
| 기본문화 | 감정이 숨 쉴 수 있는 공간 | 감정의 여백 없는 삶은 지속 가능하지 않음 | 프랑스 문화민주화, 경기도 문화누리카드 |

이 아홉 가지 영역은 단지 행정의 항목이 아니라, 사람답게 살아가기 위해 반드시 보장되어야 할 '삶의 조건'들이다. 기본사회는 이 서비스를 특정한 계층만의 혜택이 아니라 모두가 누리는 '공통의 기반'으로 만들어가고자 한다. 이 도표는 그 출발선이자, 기본사회를 실현하기 위한 구체적 나침반이다.

3부

# 기본사회를 향한 첫걸음

**7장**

# 복지국가를 넘어서 기본사회로

## 기본사회를 여는 길

한때 우리는 복지국가를 꿈꾸었다. 국가가 책임지고, 국민을 돌보고, 권리를 제도화하는 사회. 그것은 분명 지난 세기의 위대한 약속이었다. 그리고 오랜 시간 동안 많은 이들의 삶을 지탱해온 틀이기도 했다. 하지만 지금 그 틀은 곳곳에서 금이 가고 있다. 복지국가는 여전히 유효하지만, 그 형태는 점점 시대의 속도를 따라가지 못하고 있다. 재정은 고갈되고, 행정은 경직되며, 기술은 이미 사람 너머로 달려가고 있다. 도움이 필요한 이들에게 제도는 너무 멀고, 도달한 뒤에도 충분하지 않다.

무언가를 더해야 하는 시점이 아니다. 이제는 틀 자체를 다시 설계해야 할 시간이다. 그렇다면 우리는 어디서부터 시작해야 할까? 기본소득과 기본서비스라는 두 축은 이미 이야기되었다. 그러나 이 두 축을 실제로 작동하게 하려면 이 사회를 다시 움직이게 할 에너지가 필요하다. 바로 여기서 우리는 '성장의 다리'라는 질문 앞에 선다.

기본사회는 단지 나눔으로 이뤄지지 않는다. 분배가 가능하기 위해서는 그 바탕에 새로운 성장의 동력이 있어야 한다. 과거의 산업화처럼 환경을 파괴하거나 소수에게만 수익이 집중되는 방식으로는 기본사회는 결코 도달할 수 없다. 우리가 건너야 할 다리는 AI와 재생에너지라는, 지금 이 시대가 내놓은 가장 강력한 가능성 위에 세워져야 한다. 데이터와 알고리즘, 햇빛과 바람. 그것들은 더 이상 기술의 문제도, 환경의 과제도 아니다. 그것은 우리 모두가 함께 살아가기 위해 나눌 수 있는 새로운 공유부의 이름이 되어야 한다.

이제 우리는 묻는다. 복지국가의 낡은 틀을 넘어서, 어떻게 기본사회라는 새로운 질서를 상상할 수 있을까. 그리고 그 상상은 어디서부터, 누구로부터 시작되어야 할까. 이 장에서는 그 다리를 놓기 시작한다. 미래를 설계하는 기술, 삶을 지탱하는 에너지, 가장 가까운 곳에서 움직이는 사람들. 그 길 위에서 기본사회는 더 이상 먼 이상이 아니라 지금 여기에서 가능한 삶의 구조로 자리 잡을 수 있다.

## 복지국가의 피로, 더는 지탱되지 않는 틀

우리는 오랫동안 복지국가를 하나의 이상형처럼 바라보며 살아왔다. 국가는 강하고, 시민은 보호받고, 위험과 불확실성은 제도로 대응한다. 사회보험과 공공서비스, 연금과 건강보험, 세금과 재분배의 설계는 한때 한 나라의 품격을 말해주는 지표였다. 하지만 지금 그 틀은 조용히 삐걱대고 있다. 그 체계가 낡아서가 아니라 세상이 너무 달라졌기 때문이다. 노동이 안정적이지 않고, 가족이 해체되며, 지역은 공동화되고, 기술은 행정의 속도를 추월한다. 무엇보다도 삶이 더 복잡하고 더 불안정해졌다.

복지국가는 여전히 필요하다. 그러나 지금의 복지국가는 삶의 변화 속도를 따라가지 못한다. 신청서를 쓸 줄 몰라서, 지원 기준에서 간발의 차이로 제외되어서, 불편해서, 포기해서 지원받지 못한다. 복지란 '필요한 사람'에게 '적시에' 도달해야 한다. 하지만 현실은 그 반대다. 먼저 증명해야 하고, 기다려야 하고, 때로는 낙인조차 감수해야 한다. 게다가 국가 재정은 점점 어려워지고, 고령화는 가속화된다. 정치는 정쟁에 막히고, 행정은 규제에 갇힌다. 우리는 복지국가를 유지하고 있다고 믿지만, 사실은 그 가능성에 대한 확신조차 잃어가고 있다.

그렇다면 우리는 물어야 한다. 더 이상 작동하지 않는 틀을 고쳐가며 유지할 것인가, 아니면 완전히 다른 사회적 상상력으로 새로운 시스템을 설계할 것인가? 기본사회는 바로 그 질문에서 시작된다. 소득과 서비스의 보장을 넘어 사람을 중심에 두는 체계, 삶의 조건을 함께 책임지는 사회를 다시 설계하자는 제안이다. 복지국가를 넘어서야 한다는 말은 복지를 포기하자는 것이 아니다. 오히려 지금보다 더 깊고 넓게, 더 평등하고 지속가능하게 돌보는 새로운 질서를 만들자는 선언이다. 그리고 이 새로운 질서는 그저 이상이 아니라 지금 우리가 놓기 시작한 현실적이고 구체적인 다리 위에 놓여야 한다.

## 기본사회가 새롭게 설계하는 것

복지국가는 사람을 '도움이 필요한 존재'로 바라본다. 그 시선은 선의에서 비롯되었고, 실제로 많은 사람들의 삶을 지켜주었다. 하지만 그 틀 안에서 사람은 언제나 필요를 증명해야 하는 존재, 자격이 있어야 하는 수급자이자 대상자이며, 이용자가 되었다. 기본사회는 그 시선을 바꾸는 데서 시작한다. 사람은 단지 보호받아야 할 존재가 아니라, 함께 살아갈 조건을 설계할 권리를 가진 존재라는 인식. 그 전환이야말로 기본사회의 출발점이다.

그래서 기본사회는 단순한 제도 개편이 아니다. 사회 설계의 프레임 자체를 바꾸는 일이다. 복지국가가 '위험을 분산하는 제도'였다면, 기본사회는 '삶을 공유하는 터전'이다. 복지국가가 '수혜와 자격'의 논리였다면, 기본사회는 '기본과 권리'의 언어로 움직인다. 복지국가가 중앙정부 중심의 하향식 전달 체계였다면, 기본사회는 지역, 공동체, 시민이 주체가 되는 상향적 설계를 지향한다.

기본사회가 새롭게 설계하는 건축의 네 가지 기둥은 다음과 같다. 첫째, 소득을 재구성한다. 기본소득은 단순히 가난을 덜어주는 수당이 아니라, 누구든 조건 없이 이 사회의 일원임을 인정받는, 존재 자체에 대한 진심 어린 환영이다. 일하지 않아도 주어진다는 그 사실이 사람을 게으르게 만드는 것이 아니라 다시 시작할 수 있는 용기를 준다. 기본소득은 '부족함을 채우는 돈'이 아니라 '삶을 설계할 수 있는 자유'다.

둘째, 서비스의 방식이 바뀐다. 기본서비스는 더 이상 시설 중심, 행정 중심이 아니다. 사람의 곁으로 가고, 일상 안으로 스며들며, 이용자의 언어를 이해하고 기다릴 줄 아는 작고 느린 행정으로 작동한다. 서비스는 단순히 일을 처리하는 '시스템'이 아니라 누군가의 손을 잡아주는 '관계'가 되어야 한다. 기본서비스는 그래서 하나의 사회적 품격을 보여주는 거울이다.

셋째, 재원의 원천을 바꾼다. 세금만으로 기본사회를 지탱할 수는 없다. 우리는 새로운 자원을 찾아야 한다. 바로 AI와 재생에너지, 그리고 데이터와 알고리즘, 토지와 자연 모두가 함께 만든 가치를 다시 함께 나누는 방식이다. 공유부 배당이라는 철학, 즉 모두가 만든 부를 모두가 누릴 권리로 전환하는 상상력이 필요하다.

넷째, 주체의 중심이 이동한다. 국가가 전부를 설계할 수 있는 시대는 끝났다. 이제는 지방정부, 마을, 사회적 기업, 시민 네트워크, 그리고 기술을 매개로 연결된 수평적 공동체들이 기본사회의 실제 구현 주체가 된다. 이것이 가능한 이유는, 디지털 기술과 재생에너지라는 분산형 인프라가 기술적으로도 그것을 가능하게 만들어주기 때문이다.

기본사회는 이 네 가지 기둥을 새롭게 배치하면서 사람과 사람, 지역과 기술, 제도와 철학을 하나의 흐름으로 엮는 시스템을 만든다. 복지국가는 필요를 따라 움직였지만, 기본사회는 삶을 중심에 두고 설계된다. 이제는 사회의 운영 원리를 바꾸어야 할 때다. 지원이 아니라 참여, 지시가 아니라 연대, 효율이 아니라 품위, 절차가 아니라 존재의 인정, 그것이 기본사회가 설계하려는 새로운 사회적 언어다. 그리고 그 언어는 더 이상 머릿속 이상이 아니라, 지금 이 시대의 기술과 에너지로 이루어진 현실적 기반 위에 놓일 수 있다.

## 성장의 다리, AI와 에너지의 전환점

어떤 사회도 분배만으로는 지속될 수 없다. 나눌 수 있으려면 먼저 무엇인가를 지속적으로 창출할 수 있어야 한다. 그것이 바로 '성장'이다. 하지만 지금 우리가 처한 현실에서 과거와 같은 성장 방식은 더 이상 지속 가능하지 않다. 환경은 임계점을 넘었고, 노동 중심의 산업 모델은 해체되고 있으며, 가장 빠른 부의 증식은 이제 노동이 아닌 알고리즘과 자산을 통해 이루어진다. 그렇다면 질문은 이렇게 바뀌어야 한다.

"기본사회는 무엇을 기반으로 지속가능한 재원을 마련할 수 있는가?"
"무엇이 이 사회를 지탱하는 새로운 성장의 토대가 될 수 있는가?"

그 답은 이 시대가 이미 내놓고 있다. AI와 재생에너지, 바로 이 두 가지 축이 기본사회로 향하는 '성장의 다리'가 된다. 그 다리를 통해 우리는 기술과 에너지가 사람을 위한 사회로 이어질 수 있다는 가능성을 다시 발견하게 된다.

첫째, 인공지능은 공공의 언어로 다시 번역되어야 한다. 우리는 지금 사람보다 더 빠르게 배우고, 더 많이 기억하고, 더 정교하게 흉내 내는 기계와 함께 살아가고 있다. 그들은 말하고, 듣고, 판단한다. 무형의 알고리즘은 손에 잡히지 않지만 우리의 일터를 재편하고, 뉴스의 흐름을 바꾸며, 심지어 감정의 결까지 따라 배운다. 우리는 알고 있다. AI는 이제 더 이상 먼 미래의 상상이 아니라 오늘의 일상이자 내일의 풍경이라는 것을.

그렇기에 더 절박한 질문을 던져야 한다. 이 거대한 기술의 진보는 과연 누구의 입장에서 설계되고 있는가? 그 결정의 방향은 누구의 손에 쥐어져 있는가? AI는 단지 노동을 대체하는 기술이 아니다. 그것은 어떤 사회를 만들고자 하는가에 따라 무한한 효율의 도구가 될 수도 있고, 모두를 위한 공공의 기초가 될 수도 있다.

우리는 AI를 자본의 언어가 아닌, 공공의 언어로 다시 써야 한다. 인간의 존엄을 기준으로 설계하고, 모든 사람이 그 혜택에 접근할 수 있게 열어야 한다. 기술은 중립이 아니다. 그 기술을 누가 어떻게 사용하는가에 따라 그것은 벽이 될 수도 있고, 다리가 될 수도 있다. AI는 우리 곁에서 이미 '가능성'이 되었다. 이제는 우리가 그 가능성에 어떤 윤리를 담아낼지, 그것을 누구의 삶에 맞춰 번역할지를 결정해야 한다. 공공의 손으로, 공감의 언어로 다시 말해지는 AI야말로 기술을 넘어 기본사회로 나아가는 첫걸음이 될 것이다.

기본소득이 필요해진 큰 이유 중 하나도 AI에 의해 대체되는 노동 구조라면, 그 AI가 만들어내는 가치 역시 공공을 위해 쓰여야 한다는 당위성에 기인한다. 기업의 알고리즘이 이용자의 데이터를 통해 막대한 수익을 올릴 수 있다면, 그 수익 일부는 '디지털 공유부'로서 사회 전체에 환원되어야 한다. 플랫폼 기업이 축적한 데이터, 자동화로 절감된 비용, 예측 기술이 만들어낸 이윤은 이제 누구의 것인가? AI는 비용이 아니라 기본사회의 재원이 될 수 있다. 단, 그것이 공공적 설계 원칙에 따라 투명하게 작동할 때만 가능하다.

둘째, 재생에너지는 새로운 분배의 가능성이다. 석탄과 석유, 가스는 늘 독점의 대상이었다. 채굴할 수 있는 곳이 정해져 있고, 유통과 소유가 중앙 집중적이었기 때문이다. 그 이윤은 늘 자본과 권력의 손에 집중되었다. 하지만 태양과 바람은 다르다. 누구에게나 닿고, 어디서든 생산할 수 있으며, 마을과 지역이 주체가 되어 운영할 수 있는 분산형 자원이다.

이것이 바로 '에너지 민주주의'의 시작이다. 전남 신안에서, 충남 부여에서 태양광 패널 하나가 주민의 수입이 되고, 공공시설의 운영 재원이 되며, 지역 기본소득의 기초가 되고 있다. 재생에너지는 전기를 넘어 사람과 사람을 연결하고 마을을 자립하게 만드는 인프라다. 햇빛으로 만든 전기가 마을 아이의 장학금이 되고, 요양원의 냉방비가 되며, 고령자의 기본소득이 되는 것이다. 바람이 닿는 곳마다 기본사회의 가능성이 피어난다.

셋째, 기술과 에너지가 기본사회로 이어지는 흐름이다. 기술은 태생적으로 가치판단이 없다. 누구의 손에 쥐어지느냐, 어떤 목적을 향하느냐에 따라 그 영향은 전혀 달라진다. 우리가 원하는 기본사회는 이 기술과 자원을 단지 소수의 부로 집중시키는 방식이 아니라, 모두의 삶을 조금 더 단단하게 만드는 방식으로 활용하는 방식이다.

AI는 데이터를 수익으로 바꾸는 도구가 아니라, 복지의 누수를 감지하고, 행정의 접근성을 높이며, 기본소득의 지급 효율성을 개선하는 공공 알고리즘이 될 수 있다. 재생에너지는 이윤을 남기는 설비가 아니라, 지역 공동체를 지탱하고 배당이 가능한 수익을 창출하는 사회적 에너지 플랫폼이 될 수 있다. 기술과 에너지를 연결하는 것이 바로 기본사회로 향하는 다리를 놓는 일이다. 이 다리는 상상이 아니라 이미 현실 속에서 하나둘 놓이기 시작했다. 작은 마을에서, 지방정부에서, 지역 주민과 기술자와 행정가가 함께 만들어내는 변화. 이제 그 다리를 실제로 놓고 있는 주체들에 대해 이야기할 차례다. 누가 이 다리를 놓는가? 어디서부터 가능한가? 그 질문은 지금 우리 모두의 몫이다.

## 누가 이 다리를 놓을 것인가

 어떤 다리든 그것을 건너는 사람만큼이나 그 다리를 놓는 사람이 누구인지가 중요하다. 기술은 이미 존재하고, 재생에너지 역시 가능성을 증명했다. 하지만 기본사회로 향하는 다리는 저절로 생겨나지 않는다. 그 다리를 누가 설계하고, 누가 디딤돌을 깔고, 누가 가장 먼저 건너며, 누가 함께 손을 잡고 이동할 것인가. 이 질문이야말로 기본사회 실현의 가장 현실적인 출발점이다.

 복지국가의 시절에는 주체가 분명했다. 바로 국가가 주체였다. 중앙정부가 계획하고, 법을 만들고, 예산을 배분했다. 시민은 수혜자였고, 행정은 전달자였다. 하지만 지금, 그 방식은 더 이상 작동하지 않는다. 시민은 더 이상 받기만 하는 존재가 아니며, 국가는 모든 것을 직접 실행할 수 있는 주체가 아니다. 우리는 이제 기본사회의 주체를 다음과 같이 다시 구성해야 한다.

 첫 번째 주체는 정책 실험의 최전선에 있는 '지방정부'다. 오늘날 가장 빠르게 변화하는 행정은 중앙이 아니라 지방정부에서 일어나고 있다. 경기도 성남의 청년 기본소득, 전남 신안의 햇빛연금, 충남 부여의 주민참여형 태양광 사업, 경기도 화성의 문화·예술·체육 기본소득 실험들. 이 모든 변화는 중앙정부가 아직 논쟁 중일 때, 지방정부가 이미 시작한 실험들이었다. 지방정부는 현장을 알고, 주민의 언어를 알고, 실행 가능성을 안다. 작은 정책이라도 시작할 수 있는 유연성이 있고, 시민과의 거리도 더 가깝다. 기본사회는 그렇기 때문에 서울의 청와대가 아니라, 지역의 마을회관과 시청 앞 광장에서 시작된다.

두 번째 주체는 정책의 대상에서 설계자로 변신한 '시민'이다. 기본사회가 기본소득과 기본서비스로 움직인다면, 그 흐름을 가장 가까이에서 맞이하고 관리하는 사람은 행정가가 아니라 시민이다. 오늘날의 시민은 단지 복지의 수혜자, 민원인, 소비자가 아니다. 정책을 제안하고, 설계하며, 감시하고, 심지어 실행까지 책임지는 주체로 바뀌고 있다. 협동조합의 조합원, 돌봄커뮤니티의 활동가, 마을 에너지기획단의 기술자, 주민참여예산위원, 데이터 기반 플랫폼 공공화 운동가들, 이들은 모두 기본사회의 설계자이자 감시자이며 사용자이다.

세 번째 주체는 기본사회 도면을 그리는 손들인 '기술자와 기획자'들이다. AI가 공공의 알고리즘이 되려면, 그 알고리즘을 설계하는 기술자들이 사회적 감수성과 공공철학을 지녀야 한다. 재생에너지가 분배 가능한 자원이 되려면, 그 체계를 설계하는 에너지 기획자들이 지역과 주민을 파트너로 보는 시선을 가져야 한다. 앞에서도 말한 것처럼 기술은 방향이 없다. 그 방향을 결정하는 손이 중요하다. 그리고 그 손이 공공을 향할 때만 기술은 기본사회로 이어지는 다리가 될 수 있다.

네 번째 주체는 다중 주체의 협력 모델로서의 새로운 '공공 거버넌스'다. 기본사회는 더 이상 국가만의 과제가 아니다. 시민, 지방정부, 기술자, 행정가, 기업, 커뮤니티가 서로의 역할을 조정하고 연결하는 다중 주체의 협력 모델이다. 이것은 단순한 분업이 아니라 '공공'이라는 개념 자체의 재구성을 뜻한다. 국가의 일이 아니라 사회의 일. 정부의 권한이 아니라 모두의 책임으로 작동하는 공공성이다.

누가 이 다리를 놓을 것인가? 그 답은 바로 지금, 이 문장을 읽고 있는 우리에게 주어져 있다. 기본사회는 누가 권력을 쥐느냐의 문제가 아니라, 누가 책임을 나누고, 누가 미래를 상상하며, 누가 삶을 함께 설계할 것인가의 문제다.

## 기본사회는 이미 시작되었다

기본사회는 갑자기 완성되는 체제가 아니다. 어느 날 한순간에 선언으로 도래하는 사회도 아니다. 그것은 오히려 지금 여기, 우리가 살아가는 일상의 틈에서 조금씩 움트고 있는 질서다. 우리가 보지 못했을 뿐, 기본사회는 이미 여러 곳에서 작은 실험의 얼굴로, 조용한 일상의 틀로 존재해왔다.

전남 신안에서는 햇빛이 더 이상 그냥 지나가는 빛이 아니다.

주민들이 힘을 모아서 지은 태양광 발전 시설은 이제 마을의 또 다른 '일꾼'이 되어, 해마다 일정한 수익을 만들어내고 있다. 그 수익은 다시 사람들의 손으로 돌아간다. 그 배당금으로 오랫동안 미뤄뒀던 병원 진료를 받았고, 손주의 입학 선물로 작은 책가방을 샀다. 한때는 소외된 섬이었던 이곳이 이제는 햇빛을 나누는 경제 공동체로 거듭난 것이다. 이것은 단지 재생에너지의 성공 사례가 아니다. 자연의 자원을 모두가 나누는 새로운 분배 질서이고, 에너지 민주주의라는 기본사회적 상상력의 실현이다.

전북 부안과 임실에서는 마을 단위로 주민참여형 태양광 단지를 설계하고, 그 수익을 마을의 교육·돌봄·문화 사업에 배당하고자 하는 움직임이 시작되고 있다. 이러한 모델은 지방정부의 자율성과 주민의 참여, 그리고 재생에너지의 분산형 구조가 결합할 때, 기본소득과 기본서비스의 재원이 어떻게 현실화될 수 있는지를 보여준다. 또 있다. 서울 성미산 마을에서는 돌봄과 육아, 생활협동조합과 마을신문, 생활예산과 자율기구가 서로 얽히며 작동하는 공동체 모델이 자생하고 있다. 이곳에서는 행정이 없는 대신 관계가 작동한다. 공공의 자리를 시민들이 직접 채우고 있는 기본사회적 마이크로 모델이다.

한편, 2025년 경기도 광명시는 뜻깊은 첫발을 내디뎠다. 대한민국 최초로 '기본사회'를 주제로 한 '광명형 기본사회 정책 아이디어 공모전'을 연 것이다. 전국 각지에서 무려 109건의 아이디어가 응모되었고, 3차에 걸친 심사를 통해 선정된 제안들은 광명형 기본사회를 현실로 옮기는 데 소중한 주춧돌이 될 것이다. 기본사회는 이렇게 누군가의 빛나는 생각에서 시작된다.

이 모든 장면은 아직 완전하지도 않고 전면적이지도 않다. 때로는 미흡하고, 종종 중단되며, 한계와 과제를 품고 있다. 그러나 그것이 바로 기본사회의 출발이다. 완벽하지 않아도 시작할 수 있고, 작아도 의미 있는 변화가 있다는 것, 기본사회는 그것이 가능하다. 그 가능성은 기술 속에만 있지 않고, 에너지 시스템 안에만 있지 않다. 사람들 사이에 이미 자라나고 있는 새로운 관계와 공동의 방식, 다른 질서에 대한 감각, 지속가능성을 향한 선택 속에 존재하고 있다.

우리는 이제 물어야 한다. 이 작고 산발적인 실험들을 어떻게 확장할 수 있을까? 어떻게 제도로 만들고, 어떻게 전국의 생활권으로 번져나가게 할 것인가? 다음 장에서는 이 작은 기본사회의 싹들을 정책의 언어로, 제도의 언어로 옮겨가는 전략에 대해 말할 것이다. 그것은 선언이 아니라 조율의 기술이고, 제도의 설계이며, 정치와 행정의 실천적 상상력이다. 기본사회는 이제 가능성의 시간에서 실행의 시간으로 들어선다.

# 8장
# 기본사회의 주체들 - 시민, 마을, 지방정부

## 위가 아니라, 곁에서 시작되는 사회

사회는 언제나 위에서부터 만들어진다고 믿는 사람들이 있다. 입법이 선행되어야 하고, 정부가 방향을 제시해야 하며, 예산이 먼저 짜여야 정책을 펼 수 있다고 말한다. 그러나 우리가 알고 있는 가장 따뜻한 변화들, 사람의 숨결이 닿아 있는 작은 혁신들은 언제나 아래에서, 곁에서, 삶이 놓여 있는 자리에서부터 시작되었다.

한 마을에서 주민들이 모여 아이들을 함께 돌보기 시작했고, 한 동네에서 청년들이 빈집을 개조해 모두를 위한 공동부엌을 열었다. 어떤 지방정부는 버려진 유휴지를 태양광발전소로 바꾸어 그 수익을 마을 사람들과 나누기 시작했다. 이 모든 변화는 거창한 국가 전략에서 시작된 것이 아니라, 삶의 언저리에서 '함께 살자'는 마음 하나로 시작된 이야기들이다.

기본사회란 바로 그런 것이다. 거대한 담론이 아니라, 하루하루를 견디는 삶 속에서 서로를 붙들어주는 관계의 복원이다. 화려한 개혁이 아니라, 작지만 반복 가능한 실천의 자리이며, 누가 대신해주기를 기다리는 것이 아니라, 누구나 그 일원이 될 수 있는 변화의 흐름이다. 곁에서 시작되는 사회는 누구도 구경꾼으로 남기지 않는다. 시민은 수혜자가 아니라 행위자로, 마을은 행정 구역이 아니라 살아 있는 민주주의의 공간으로, 지방정부는 통제의 기구가 아니라 연결과 신뢰의 촉진자로 기능한다.

이러한 전환이야말로 기본사회가 자라나는 가장 건강한 방식이다. 우리는 더 이상 멀리 있는 누군가의 결정을 기다리지 않아도 된다. 변화는 이미 우리 곁에서 시작되고 있고, 우리가 손을 뻗는 그 자리에서 자라고 있다. 기본사회는 위대한 의제라기보다, 서로의 곁에서 가능한 삶을 만드는 가장 인간적인 선택이다.

기본사회는 위로부터 내려오는 사회가 아니다. 과거의 복지국가는 시민을 보호받아야 할 대상으로 여겼다면, 기본사회는 시민을 함께 설계하는 주체로 바라본다. 과거의 행정은 국가의 명령을 전달하는 체계였다면, 기본사회는 지역과 주민의 감각에서 출발하는 행정을 만든다. 기본소득과 기본서비스, 공유부 기반의 정책들이 실제로 작동하려면 그것을 설계하고 유지하고 감시하며 돌보는 '살아 있는 주체'들이 필요하다. 그리고 그 주체는 이미 여기 있다. 바로 시민, 마을, 지방정부가 주인공들이다. 이들이 기본사회의 첫 사용자이자 건축가다. 이들이 어떤 방식으로 기본사회를 열어가고 있는지, 무엇을 가능하게 하고, 어디서부터 시작하고 있는지를 함께 살펴보자.

## 시민, 정책의 수혜자에서 설계자로

오랫동안 시민은 정책의 끝자락에 있었다. 정책이 만들어지고 시행되고 나서야 그의 이름이 호출되었다. 설명회를 듣고, 절차를 밟고, 신청서를 내고, 증빙자료를 제출하며 "이 정책이 당신을 위한 것입니다"라는 선언을 뒤늦게 받아들여야 했다. 하지만 이제 그 흐름은 거꾸로 흘러가기 시작했다. 이제 시민은 정책의 출발점에 서 있는 주체다. 누가 무엇을 필요로 하는지를 묻기 전에 어떻게 함께 살아갈지를 묻는 사람, 그 사람이 바로 시민이다. 시민은 '수혜자'가 아니라 '기획자'로 변신하고 있다. 시민은 이제 더 이상 국가가 설계한 복지 시스템을 기다리는 사람이 아니다. 삶의 조건을 스스로 진단하고, 필요한 제도를 제안하며, 실제로 그것을 함께 운영하는 사람으로 변하고 있다.

경기도 고양에서는 시민들이 스스로 '생활자치학교'라는 이름의 작은 민주주의 실험장을 열었다. 이곳에서는 기본소득과 기본서비스를 주제로 서로의 삶을 나누고, 정책을 말로만 배우는 것이 아니라 직접 토론하고, 제안하고, 실험하며 체화한다. 필자 역시 그 자리에 두 차례 초대되어 기본소득과 기본사회에 대해 강연했고, 강연 뒤에는 격의 없는 자유토론 속에서 삶과 정책이 맞닿는 지점을 함께 더듬었다. 그때의 토론은 어느 전문 세미나 못지않게 날카로웠고, 동시에 어느 마을잔치보다도 따뜻했다. 시민이 정책의 주어가 되는 순간, 기본사회는 이미 그 자리에서 시작되고 있었다.

부산의 한 마을에서는 주민들이 모여 노인을 위한 공공 심부름 서비스 모델을 공동 설계하고, 지자체에 그것을 공식 정책으로 요청했다. 서울 성동구의 '마을돌봄청'은 아이와 노인을 함께 돌보는 구조를 주민 스스로 만들어낸 복지 인프라다. 이들은 국가가 마련해준 정책을 고르는 소비자가 아니다. 정책을 삶에서부터 퍼 올리는 창작자들이다.

시민들은 또한 정책을 제안하는 손이자 예산을 다루는 눈이기도 하다. 참여예산제도는 이제 더 이상 형식이 아니다. 주민들은 단지 항목을 선택하는 데서 그치지 않는다. 무엇이 정책이 되어야 하는지를 제안하고, 그 정책의 우선순위를 시민 감각으로 조율하며, 행정과 논쟁하고 수정해가며 정책 그 자체에 관여하고 있다. 이것은 민주주의의 가장 구체적인 얼굴이며, 기본사회가 작동하는 가장 생생한 방식이다. 시민은 숫자 뒤에 숨은 얼굴이 아니라, 삶의 방향을 함께 그리는 손이다.

그런가 하면 시민은 공공의 것을 함께 지키고 가꾸는 마음이기도 하다. 기본사회는 결국 공통의 것을 함께 돌보는 사회다. 거기서 시민은 단지 요구하거나 감시하는 존재가 아니라 책임지고 관리하고 다시 나누는 사람이다. 공공도서관을 스스로 운영하는 시민위원회, 마을 도시락을 함께 만들고 나누는 생활협동조합, 디지털 플랫폼의 알고리즘 설계에 시민의 기준을 제안하는 감시 네트워크, 지역화폐 운영에 참여하는 청년 네트워크. 이 모든 장면에서 시민은 '정책의 수혜자'가 아니라 '공공의 동반자'로 자리하고 있다.

시민이 단지 참여하는 존재로 머무를 때, 기본사회는 '시민 중심 행정'에 그칠 수 있다. 하지만 시민이 설계하고 결정하는 방식이 될 때, 기본사회는 정치의 중심을 바꾸는 구조적 전환이 된다. 국가는 더 이상 정책을 '전달'하지 않아도 된다. 시민이 그 정책을 '함께 만들고', '함께 돌보고', '함께 책임질' 수 있다면 그것으로 충분하다. 기본사회는 이렇듯 시민의 손으로 천천히, 그러나 단단하게 짓는 집이다. 그 집은 아직 완성되지 않았지만, 이미 여기저기서 벽돌이 쌓이고 있고, 창문이 달리고 있으며,

어느 날 그 집 앞에 우리도 초대받을 것이다. 그리고 그때 우리는 깨닫게 될 것이다. 이 집은 처음부터 나의 손끝에서 지어지고 있었다는 사실을.

## 마을, 가장 작은 기본사회

기본사회는 멀리 있지 않다. 그것은 도심의 고층 행정청사 안에 있지 않고, 정책 보고서의 수치 안에 있지도 않다. 기본사회는 어쩌면 골목을 돌아 나오는 바람결에 있고, 동네 마트 앞 벤치에 잠시 앉은 노인의 숨결 속에 있으며, 아이들의 웃음이 울리는 놀이터 한편에 있다. 바로 마을, 그 가장 작은 공동체 안에서 기본사회는 조용히 피어나고 있다.

마을은 행정 구역이 아니라 삶의 자리다. 행정은 마을을 하나의 단위로 나눈다. '읍', '면', '동', '리'라는 이름표를 붙이고, 지도를 그리듯 사람들의 삶을 분류한다. 하지만 사람들에게 마을은 그런 것이 아니다. 그곳은 사람이 사는 곳이고, 관계가 이어지는 공간이며, 돌봄과 관심이 흐르는 생활의 터전이다. 거기에는 지켜야 할 것이 있고, 함께 기억하는 사건이 있으며, 이름을 몰라도 인사하는 얼굴이 있다. 그 작은 연결이 모여서 국가보다 먼저 사람을 지켜주는 질서가 된다.

마을에서 시작된 작은 기본사회들이 전국 곳곳에서 조용히 자라고 있다. 전북 완주군 삼례읍의 한 마을에서는 주민들이 함께 텃밭을 일구고, 어르신의 안부를 확인하며, 동네 아이들의 방과 후를 함께 챙긴다. 누가 정해준 것도 아니고, 특별한 지침이 있었던 것도 아니다. 삶을 함께 살아가는 일이 자연스럽게 '우리 모두의 일'이 된 것뿐이다. 여기에는 법이나 제도가 없어도 이미 '기본'이 작동하고 있다. 지역 먹거리를 나누는 로컬푸드 직매장, 아이들과 어른이 함께 꾸리는 마을 교육공동체, 틈틈이 소식과 의견을 나누는 마을방송국과 공동부엌, 이 모든 곳에서 기본사회는 법전 밖에서, 정책 일정 밖에서 사람과 사람 사이의 신뢰로 작동하고 있다.

거창한 설계 없이도 시작된 이 일상 속의 연대는 오히려 어떤 제도보다 오래가고 단단하다. 기본사회는 중앙의 명령으로 구축되는 체계가 아니라, 이처럼 삶과 마주한 자리에서 스스로 피어나는 관계의 질서다. 강원도 홍천에서는 농촌 마을 주민들이 함께 회의해 에너지 자립 마을 계획을 수립했다. 태양광 수익은 공동기금으로 적립되고, 그 돈은 겨울철 난방비, 공동장비 구입, 마을 청년 장학금으로 다시 나뉘었다. 이 체계는 행정이 내려준 정책이 아니라, 사람이 먼저 만든 삶의 설계도다.

마을이 기본사회가 될 수 있는 나름의 이유가 있다. 마을에는 속도보다 리듬이 있고, 효율보다 사람의 체온이 있다. 누가 힘

든지 알 수 있고, 도움이 필요한 사람에게 먼저 손이 가 닿을 수 있는 거리감이 있다. 기본사회는 그렇게 작고 가까운 공간에서 가능해진다. 시스템이 아니라 정서로, 정책이 아니라 관계로 작동하는 방식이다. 그리고 그 방식은 더 많은 예산이나 더 큰 제도보다 삶의 결을 바꾸는 감각에서 출발한다.

왜 우리는 다시 마을로 돌아가야 하는 걸까? 디지털 시대, 글로벌 네트워크의 시대에 왜 다시 '마을'일까? 왜 그토록 작고 제한된 단위에서 우리는 새로운 사회의 가능성을 말하려 하는 걸까? 이유는 분명하다. 가장 멀리 나아가기 위해선 가장 가까운 곳부터 다시 시작해야 하기 때문이다. 기술은 연결을 확장하지만, 신뢰는 여전히 곁에서 자란다. 기본사회는 거대한 구호가 아니라, 이웃과의 관계가 만든 무언의 약속 위에서 태어난다. 그 약속이 지켜지고 실천되는 공간이 바로 마을이다.

마을은 사라져야 할 구시대적 공동체가 아니라, 기본사회가 현실이 될 수 있다는 것을 가장 먼저 증명해 보이는 실천의 현장이다. 기본소득이 단지 정치적·제도적 틀 안에만 갇힌다면, 마을은 그것을 정서적 자산으로 전환한다. 기본서비스가 숫자에 그친다면, 마을은 그것을 사람의 언어로 번역해낸다. 그렇게 마을은 우리 모두가 다시 살아갈 수 있는 가장 작은 기본사회가 된다. 이제 기본사회는 가장 작고 사적인 공간에서 움터 가장 크고 공적인 희망으로 자라난다.

## 마을기업, 기본사회를 실현하는 작은 엔진

기본사회는 단지 중앙정부의 선언이나 법 제도만으로 구현될 수 있는 체계가 아니다. 그것은 각자의 삶이 놓인 자리, 곧 일상과 가장 가까운 생활 공간에서부터 현실화되어야 하는 구체적 삶의 틀이어야 한다. 이 점에서 마을은 가장 작은 기본사회의 단위이자 가장 강력한 실천의 출발점이 된다. 그리고 그 마을에서 사람들이 함께 땀 흘려 만든 자립적 경제조직, 바로 '마을기업'은 기본사회로 나아가기 위한 실제적 경로 중 하나로 주목할 만하다.

마을기업은 이름 그대로 마을 사람들이 직접 출자하고 운영하는 경제 주체이다. 이윤을 최우선시하는 일반 기업과 달리, 마을기업은 마을의 필요와 공동체의 이익을 중심으로 움직인다. 그들은 지역의 자원을 바탕으로 서비스를 만들고, 수익을 창출하며, 그 수익을 다시 마을의 복지와 돌봄, 공공성을 회복하는 데 쓰는 방식으로 선순환 구조를 만든다. 이 과정에서 주민들은 단지 노동자가 아니라 결정권을 가진 주체가 되고, 수익의 수혜자가 되며, 나아가 마을을 함께 운영하는 시민이 된다. 이는 곧 기본사회가 지향하는 '소득·서비스·공동체'의 통합적 방식을 가장 현실적으로 구현하는 하나의 단위로 마을기업을 이해할 수 있게 만든다.

이러한 가능성은 이미 전국 곳곳에서 현실로 나타나고 있다. 전북 완주군의 '고산자연마을영농조합'은 그 대표적 사례 중 하나다. 이 마을기업은 지역 농산물을 활용한 장류와 발효식품을 공동으로 생산하고 판매함으로써, 주민들의 소득을 올리는 동시에 전통 식문화와 친환경 농업을 유지하는데 기여하고 있다. 무엇보다 이들은 사업 수익의 일부를 지역 어르신들의 공동급식과 긴급 돌봄 지원에 활용하며, 주민 전체를 위한 마을 통장을 운영해 공동체의 재정을 공동 관리하는 실험까지 진행하고 있다. 이처럼 마을기업은 단순한 생산 활동을 넘어, 마을 전체의 기본생활을 책임지는 방식으로 진화하고 있다.

　경상남도 남해군에서는 '행복한마을협동조합'이 지역 노인들을 위한 일자리 창출과 복지 서비스를 동시에 제공하는 모델을 만들어가고 있다. 이곳에서는 마을 어르신들이 마을버스를 운행하거나 전통시장에서 재래음식을 만들어 판매하는 등의 활동을 하며, 이 수익이 다시 취약계층의 도시락 배달 사업이나 보건 서비스로 이어진다. 결국 이 마을에서는 '수익이 곧 복지'가 되고, '참여가 곧 권리'가 되는 사회적 순환이 이루어지고 있는 것이다.

　또한 충청남도 홍성군의 '홍동마을기업연합'은 지역 내 여러 마을기업이 연대하여 더 큰 공동의 플랫폼을 만드는 실험을 진행 중이다. 이들은 유기농 농산물 직거래, 생협 운영, 교육 사업

등을 함께 운영하며, 개별 마을기업의 한계를 극복하고 마을 단위의 연대 망을 넓히고 있다. 특히 교육, 의료, 에너지 등의 분야에까지 마을기업의 역할을 확장하려는 시도는, 마을기업이 지역의 '기본서비스 공급자'가 될 수 있다는 새로운 가능성을 보여준다.

마을기업이 기본사회의 엔진이 될 수 있는 이유는 명확하다. 그것은 단순한 경제 활동을 넘어서, 주민 스스로가 기본적 필요를 정의하고 그것을 충족시키기 위한 틀을 스스로 만들어간다는 점에 있다. 이는 시민의 자치, 지역의 자립, 그리고 사회의 지속가능성을 모두 연결하는 교차점에 서 있는 실천이기도 하다. 결국 마을기업은 자원이 적은 지역에서도 가능하고, 이미 존재하는 지역 자산을 활용할 수 있으며, 주민의 참여가 핵심이기 때문에 가장 인간적인 기본사회 실현 방식이 된다.

물론 마을기업은 만능이 아니다. 초기 자금의 부족, 경영 역량의 한계, 행정의 일방적 개입, 지역 간 불균형 등 여러 현실적 제약이 존재한다. 하지만 이러한 한계를 넘어서기 위해서라도 마을기업을 단지 지역개발의 수단이 아니라, 기본사회의 제도적 구성요소로 바라보는 인식의 전환이 필요하다. 지방정부는 이를 위해 마을기업을 지역의 공공서비스 공급체계 안에 정식으로 편입시키고, 그들을 위한 안정적 재정 지원과 운영 인프라를 함께 구축해야 한다.

기본사회는 '누가 무엇을 해줄 것인가'가 아니라, '우리가 어떻게 함께 살아갈 것인가'의 문제다. 그리고 마을기업은 그 질문에 대한 구체적인 답이 될 수 있다. 지역의 자원을 기반으로 공동의 필요를 해결하기 위해 주민이 주체가 되어 만들어가는 그 모든 실천이 곧 기본사회 그 자체이기 때문이다. 우리가 원하는 삶의 기본은 멀리 있지 않다. 그것은 이미 어떤 마을의 어느 작은 협동조합에서 조용히 자라고 있다. 이제 필요한 것은 그 싹을 사회적 제도로 키워내는 정책의 눈과 제도의 손이다.

## 지방정부, 실천하는 행정기관

기본사회는 거대한 국가의 선언에서 시작되지 않는다. 오히려 국가가 망설이고 머뭇거리는 사이에 지방정부는 먼저 움직이기 시작했다. 아무도 요구하지 않았지만 먼저 실험했고, 중앙정부의 법과 제도보다 앞서 현실을 마주한 현장에서 지방정부는 가장 구체적인 기본사회의 실천자가 되었다.

성남시는 24세 청년에게 조건 없이 연 100만 원을 지역화폐로 지급하는 기본소득 정책을 시작했다. 이 제도는 단순한 복지사업이 아니었다. 청년의 자존감을 회복시키고, 지역 상권을 살리고, 행정에 대한 신뢰를 회복하는, 작지만 정밀한 기본사회의 축소판이었다. 지자체가 자체 예산으로 스스로 설계하고 실행하고 평가하며, '기본'이라는 단어의 무게를 행정의 손길로 풀어낸 아름다운 결정이었다.

전남 신안군은 전국에서 가장 먼저 '햇빛연금'이라는 이름의 공유부 배당형 에너지 정책을 도입했다. 섬 주민들이 함께 참여한 태양광 발전 사업은 수익을 배당금으로 되돌렸고, 그 돈은 단순한 현금이 아니라 공동체의 재생을 위한 동력으로 쓰였다. 신안은 누구보다 먼저 재생에너지로 지역을 살리고, 그 수익을 주민에게 나누는 새로운 경제 모델을 실천해낸 지방정부였다.

충남 부여군은 주민참여형 태양광 단지를 통해 기본소득의 재원을 자체적으로 마련하고자 하는 실험에 착수했다. 중앙정부의 예산을 기다리지 않고, 민간과 협력하고, 주민과 토론하며, 스스로 자신들의 사회적 틀을 다시 설계하고 있다. 이는 단지 에너지 정책이 아니라, '어떻게 지방정부가 기본사회로 진입할 수 있는가'에 대한 현실적 모형을 제공하는 사례였다.

이와 나란히 경기도 화성시는 수요자 중심의 '문화·예술·체육 기본소득'이라는 새로운 상상에 도전하고 있다. 공급자에게 일괄적으로 지급하는 방식이 아니라, 시민 각자에게 문화·예술·체육 활동에 사용할 수 있는 바우처 형태의 소득을 제공함으로써, 시민이 직접 '어떻게 문화를 향유할 것인가'를 선택하고 설계할 수 있도록 자율성과 문화권을 보장하는 실험이다. 이는 단순한 소비 지원이 아니라, 삶의 질을 높이고 시민의 주체성을 회복하는 데 초점을 둔 기본사회형 모델이라 할 수 있다.

부여군이 자연자원을 기반으로 한 공유부 배당형 실험이라면, 화성시는 삶의 감각과 문화의 권리를 회복하려는 생활 밀착형 실험이다. 부여는 햇빛에서 시작된 에너지 수익을 사람들의 기본적 삶에 환원하며, 공공성과 자립의 씨앗을 뿌리는 농촌형 기본사회의 실마리를 보여준다. 반면 화성은 시민 한 사람 한 사람의 일상 안으로 들어가 예술을 누리고, 몸을 움직이고, 감각을 회복하는 권리를 소득의 언어로 새롭게 해석하려 한다.

이 두 실험은 전혀 다르지만, 같은 물음을 공유하고 있다. "사람이 사람답게 살기 위해 사회는 무엇을 보장해야 하는가?" 기본사회는 그 물음에 정답 하나만 내놓지 않는다. 대신 지역마다, 삶마다, 필요와 상상력이 닿는 자리마다 다른 해법이 가능하다고 말한다. 그래서 기본사회는 하나의 길이 아니다. 정해진 매뉴얼도, 정답표도 없다. 자연의 조건에서 출발할 수도 있고, 문화의 결핍에서 시작될 수도 있으며, 에너지의 자립에서 피어날 수도 있고, 삶의 온도에서부터 촉발될 수도 있다. 각 지역은 자신만의 질문을 품고 자신만의 방식으로 응답해나간다. 바로 거기서 기본사회는 제도나 법률보다 먼저 숨을 쉬기 시작한다.

이처럼 지방정부는 법률 이전의 감각으로 움직이고 있다. 중앙정부는 법을 근거로 하지만, 지방정부는 필요를 근거로 한다.

지방의 행정은 주민의 삶을 가장 가까이서 느끼고, 시장의 변화, 지역의 환경, 사람들의 목소리를 국가보다 먼저 감지한다. 그래서 지방정부의 실험은 언제나 선명하다. 그리고 그 선명함은 기본사회라는 새로운 틀을 실험하기에 가장 적합한 조건이 된다.

지방정부는 완벽하지 않다. 재정은 늘 부족하고, 권한은 제한적이며, 인력도 모자란다. 하지만 그 부족함이야말로 도전적 실험을 가능하게 한다. 정해진 틀 안에서만 움직일 수 없기에, 스스로 길을 내야 하고, 작은 자원으로 가장 본질적인 것을 설계해야 하기 때문이다. 그 과정에서 만들어진 정책은 늘 작고 불완전하지만, 그만큼 진실하다. 사람의 목소리와 삶의 리듬이 담긴 행정, 바로 그것이 기본사회가 필요로 하는 공공성이다.

기본소득이든, 기본서비스든, 공유부 배당이든, 그 어떤 정책도 결국은 사람에게 도달해야 한다. 그리고 그 도달을 가장 가까이에서 실현할 수 있는 행정 단위가 바로 지방정부다. 기본사회가 이상이 아니라 제도로 구체화하려면, 그 실험은 지방에서부터, 아래로부터, 천천히 시작되어야 한다. 우리는 지금 새로운 형태의 행정을 보고 있다. 그것은 통치하는 손이 아니라 돌보는 손이고, 지시하는 방식이 아니라 설계하는 방식이며, 상명하달이 아니라 상호조율과 상호신뢰를 기반으로 하는 기본사회적 행정의 전환이다.

이제 우리는 묻는다. 국가가 여전히 준비되지 않았다면, 지방정부가 먼저 기본사회를 실현할 수는 없을까? 정치가 여전히 낡은 구도에 갇혀 있다면, 행정이 먼저 그 울타리를 넘어서 볼 수는 없을까? 기본사회는 그렇게 이미 작은 지방정부들의 손끝에서 하나씩 조용히 시작되고 있다.

## 기술과 공동체를 잇는 실천가들

기술은 꾸준히 세상을 바꾸어왔다. 하지만 세상을 더 나은 곳으로 바꾸는 것은 언제나 기술 그 자체가 아니었다. 그 기술을 누가 사용하느냐, 무엇을 위해 설계하느냐, 어떤 관계 속에 풀어놓느냐에 따라 그 영향은 전혀 다른 방향으로 작용해왔다. 기술은 가능성을 열어주는 문이 될 수도 있지만, 관계를 단절시키는 벽이 될 수도 있다. 그래서 기본사회가 기술을 다룰 때 가장 먼저 물어야 할 것은 언제나 이 질문이다. "이 기술은 사람을 위한 것인가, 사람과 함께 가는 것인가?"

기본사회는 기술을 배제하지 않는다. 오히려 기술을 사람과 공동체 사이의 거리를 좁히는 다리로 사용한다. AI와 빅데이터, 알고리즘과 자동화, 재생에너지와 디지털로 연결된 도시 시스템, 그것들은 이제 더 이상 미래의 단어가 아니다. 그것들은 우리가 살아가는 일상에서 이미 작동 중이며, 삶의 조건을 새롭게 구성하고 있는 실질적 기반이다. 그리고 그 기술을 '공공의 언어'로 번역하고, '공동체의 맥락'에 맞게 설계하는 사람들이 있다. 바로 기술과 공동체를 잇는 실천가들이다.

서울시 금천구에서는 2018년부터 복지 대상자를 일일이 찾아내지 않고, 데이터 기반의 복지 사각지대 예측 시스템을 활용한다. 수많은 행정 정보와 지역 데이터가 연결되고, 알고리즘이 조용히 울리는 경고음을 통해 도움이 필요한 사람을 먼저 찾아간다. 이 기술을 설계한 데이터 기획자는 말했다. "저는 기계를 설계한 게 아니라, 복지의 감각을 설계한 겁니다." 그 말은 단지 아름다운 수사가 아니라, 기본사회가 기술과 관계를 맺는 방식의 핵심임을 드러낸다.

재생에너지 기술을 마을 단위로 설계하고, 주민 설명회를 통해 운영의 틀을 조정하며, 배당의 방식을 함께 결정하는 지역 에너지 기획자들도 있다. 그들은 기술자가 아니라 사회적 번역자이며, 공공적 디자이너다. 태양광 패널이 어떤 각도로 세워져야 할지를 고민하는 동시에, 그 수익이 어떻게 공정하게 분배될 수 있을지를 마을 사람들과 토론한다.

기술의 언어를 사람의 언어로 바꾸고, 공학의 원리를 관계의 설계로 풀어내는 사람들, 그들은 마을의 기술자이자 기본사회의 실천 건축가들이다. 플랫폼 기술을 통해 사회적 경제를 지원하는 활동가들도 있다. 소상공인들이 공정한 조건에서 플랫폼에 입점하고, 배달노동자들이 알고리즘에 의존하지 않고도 스스로 노동의 규칙을 만들 수 있도록 디지털 협동조합을 설계하는 개발자와 기획자들, 그들은 시장의 질서를 바꾸지는 못하지만, 그 안에 또 다른 윤리와 질서를 새겨넣고 있다.

기술은 그것을 만드는 사람의 세계관, 사용하는 사람의 목적, 그것이 풀어지는 공동체의 맥락 속에서 나름의 방향을 갖게 된다. 기본사회는 바로 그 방향을 사람 쪽으로, 공동체 쪽으로, 더 느리지만 더 함께 가는 쪽으로 틀어내야 한다. 그것이 가능해지려면 기술을 고안하는 이들이 세상을 보는 눈을 바꾸고, 공동체를 설계하는 이들이 기술과 손을 맞잡을 수 있어야 한다.

기본사회는 철학만으로는 실현되지 않는다. 이념만으로는 도달할 수 없다. 그 사회는 코딩을 아는 이들, 마을 회의를 꾸리는 이들, 행정 시스템을 설계하는 이들, 그리고 아이를 돌보는 엄마와 밤새 코드를 짜는 청년이 함께 손을 잡을 때 완성된다. 그리고 그 손을 연결해주는 사람들이 바로 기술과 공동체를 잇는 실천가들이다. 그들은 아직 드러나지 않은 이름들로 존재하지만, 기본사회가 구체화될수록, 그들의 존재는 점점 더 분명하고 소중한 이름으로 우리 사회에 새겨질 것이다. 기술은 더 이상 멀리 있지 않다. 공동체는 결코 과거의 단어가 아니다. 이 둘이 만나는 자리에서 기본사회는 꽃을 피울 수 있다.

## 기본사회 주체와 주체의 연대

기본사회는 누구 한 사람의 뜻으로 완성되지 않는다. 그것은 한 기관의 권한이나 한 조직의 동력만으로 구축될 수 있는 사회가 아니다. 기본사회는 언제나 '함께' 연대와 나눔이 숨 쉬는 공간 안에서만 작동한다. 그 '함께'는 단순한 동의가 아니다. 서로 다른 역할, 속도, 자원을 가진 주체들이 서로를 향해 귀 기울이고, 조율하고, 책임을 나누는 방식, 그것이 바로 기본사회의 연대다.

시민은 자신의 삶을 기획하고, 마을은 그 삶의 조건을 돌본다. 지방정부는 그것을 제도로 정비하고, 기술 실천가들은 그것이 현실에서 작동하도록 설계한다. 이들이 따로따로 움직인다면 아무 일도 일어나지 않는다. 이들이 한 방향을 향해 연결되는 순간, 기본사회는 움직이기 시작한다.

서울시 성북구에서는 주민과 행정이 함께 지역 복지계획을 수립했다. 주민은 자신이 필요로 하는 것을 제안했고, 행정은 그 제안을 실현할 수 있는 방식을 고민했다. 기술자들은 그 과정을 디지털 플랫폼 위에 옮겨 누구나 정책 설계에 참여할 수 있는 체계를 만들었다. 그 계획은 예산을 동반했고, 실행을 낳았고, 이후 다시 주민과 함께 평가되었다. 그 전 과정이 하나의 공공적 순환 구조였고, 그 안에는 연대라는 이름의 사회적 리듬이 있었다.

기본사회의 연대는 거창하지 않다. 그것은 오히려 사소하고 느리고 불완전하다. 하지만 그 불완전함 속에서 사람들은 서로를 다시 신뢰하고, 함께 만든 질서를 존중하며, 자신이 사회의 한 축임을 자각하게 된다. 연대란 결국 누군가를 위해 무엇을 하는 것이 아니라, 함께 무엇을 연결하게 하는 일이다.

연대는 때때로 충돌을 수반한다. 이해관계는 다르고, 언어는 어긋나며, 속도는 맞지 않는다. 하지만 그 다름을 인정하고 조율하는 과정 자체가 기본사회가 살아 있는 증거가 된다. 기본사회는 갈등 없는 평화를 약속하지 않는다. 오히려 다른 주체들이 공존하고 협력할 수 있도록 설계된 정치적 공간이다. 시민이 기술을 이해하고, 기술자가 주민의 언어를 배우고, 지방정부가 마을의 생활 리듬에 귀 기울이며, 행정이 전문가의 힘을 빌릴 때, 그 사회는 비로소 '가능한 사회'가 된다.

기본사회는 그런 주체들의 만남으로 만들어진다. 서로를 향한 책임이 생기고, 서로를 필요로 하는 관계가 된다. 연대란 바로 그런 형태의 다른 이름이다. 그리고 그 틀 안에서는 누구도 배제되지 않는다. 누군가는 말로 기여하고, 누군가는 손으로, 누군가는 설계로, 누군가는 참여로 이 사회의 일부가 된다. 기본사회는 이렇게 다중의 손으로 빚어지고 있다. 그것은 단일한 설계도가 아니라, 서로 다른 선을 가진 주체들이 하나의 거대한 윤곽을 그려가는 공동 작업이다.

이제 우리는 안다. 기본사회는 선언으로 만들어지지 않는다. 그것은 시민과 마을과 지방정부와 기술자와 행정가가 서로를 향해 한 걸음씩 다가가는 그 지점에서 시작된다. 그 다가감이 이어지고, 겹쳐지고, 엮여가는 순간, 우리는 단지 더 나은 정책이 아니라, 더 따뜻한 삶의 터전과 더 믿을 수 있는 사회를 마주하게 될 것이다. 그것이 바로 기본사회라는 새로운 공동체의 실체다.

4부

# 기본사회를 움직이는 힘

**9장**

# 기본사회를 디자인하다

### 기본사회, 설계에서 시작된다

사회는 먼저 가치와 이상으로 그려지지만, 결국 제도를 통해 유지된다. 기본소득, 기본서비스, 기본사회, 이 모든 개념은 처음에는 질문이었다. 어떻게 하면 사람답게 살 수 있을까. 우리는 누구를 위해 이 사회를 설계하고 있는가. 무엇을 가장 먼저 지켜야 하는가. 이 질문들은 시대를 흔들었고, 많은 사람들의 상상력과 감정을 움직였다. 그러나 상상은 오래 지속되기 어렵다. 진한 감동도 반복되면 물빛처럼 옅어진다.

이상을 지탱하려면 현실 위에 놓을 수 있는 설계가 필요하다.

그 설계는 단지 제도의 문제만은 아니다. 그것은 감각의 문제이기도 하다. 정책이 사람의 속도와 높이를 맞추는 감각, 행정이 삶의 결을 따라 흐를 수 있는 감각, 기술이 공공을 향해 움직이는 감각. 이 세 가지 감각이 모여야 비로소 기본사회는 구체적인 질서로 견고히 서 있을 수 있다.

이상을 지탱하는 설계란 무엇일까. 그것은 구체적이되 강압적이지 않아야 한다. 단순하되 빈약하지 않아야 한다. 유연하되 혼란스럽지 않아야 한다. 모두를 위한 것이되 누구도 잊지 않아야 한다. 그리고 무엇보다도 그것은 삶에 도달해야 한다. 사람의 집 문 앞까지, 사람의 하루 깊숙한 곳까지 들어설 수 있어야 한다.

우리는 종종 정책을 이야기할 때 수치와 체계를 먼저 그린다. 하지만 기본사회는 다르다. 이상에서 출발하되, 삶에서 설계되어야 한다. 기본소득은 단순한 돈이 아니라, 존재를 인정받는 일이다. 기본서비스는 행정의 혜택이 아니라, 사람 곁에 머무는 따뜻함이다. 그렇다면 이것들을 지탱하는 체계 역시 기계처럼 돌아가는 시스템이 아니라 살아 숨 쉬는 사회적 설계여야 한다.

기본사회가 실현되려면 곳곳에서 펼쳐지는 다양한 실험들이 예외가 아니라 표준이 되어야 한다. 누구도 물어보지 않아도, 누구도 찾아가지 않아도 정책이 먼저 다가가고, 공공이 먼저 도달하는 설계. 그 설계는 무겁지 않고, 사람의 결을 따라 흐를 수 있을 만큼 가볍고 유연해야 한다.

'기본'은 단단하지만 섬세해야 한다. '사회'는 복잡하지만 따뜻해야 한다. 그 둘을 하나로 잇는 작업이 바로 설계다. 우리는 그 설계를 통해 이상과 현실 사이의 다리를 놓는다. 그리고 그 다리는 기술로, 행정으로, 제도로 이어지며 조금씩, 그러나 분명하게 사람의 삶 속으로 걸어 들어간다. 기본사회는 질문에서 시작되었지만, 이제는 대답으로 나아가야 한다. 그 대답은, 어떻게 사람을 중심에 놓고 사회를 다시 그릴 것인가라는 물음에 실천으로 응답하는 과정 그 자체일 것이다.

## 행정은 플랫폼이 되어야 한다

우리가 사회를 신뢰하려면, 가장 먼저 신뢰할 수 있어야 하는 건 행정이다. 그 신뢰는 거창한 담론에서 생기지 않는다. 삶이 흔들릴 때 내 곁에 제도가 있었는가. 누군가 다가와준 적이 있었는가. 진짜 질문은 바로 거기서 시작된다. 기존의 행정은 주로 '조건'과 '판단'을 중심으로 움직여왔다. 누가 받을 자격이 있는지, 누가 더 급한 사람인지, 어떤 순서를 따라야 하는지 등 모든 과정이 언제나 행정의 관점에서 설계되었고, 사람은 그 틀에 맞춰 살아야 했다. 신청서를 쓰는 일이 하나의 기술처럼 느껴지고, 제도를 이해하는 사람이 더 많은 혜택을 누리는 현실은 행정이 여전히 사람에게 다가가는 방식이 아니라, 사람이 행정에 다가가야 하는 방식임을 보여준다.

기본사회는 이 구조를 바꾸려 한다. 행정은 더 이상 '제도적 판단 기계'가 아니라, 삶을 위한 열린 플랫폼이 되어야 한다. 플랫폼이란 정보를 수집하고, 연결하고, 그 안에서 사람과 사람이 관계를 맺도록 만드는 체계다. 기본사회에서 행정이 해야 할 일은 바로 이 플랫폼의 기능을 수행하는 것이다. 어떤 아이가 학교를 그만두었다면, 그 정보는 지역의 상담사와 복지사, 평생학습 지원 시스템과 연결되어야 한다. 한 노인이 병원에 가는 횟수가 줄어들었다면, 그 변화는 단순한 숫자 이상으로 해석되어야 하고, 조용히 안부를 묻는 방문이 따라가야 한다. 데이터는 감각이 되어야 하고, 행정은 응답이 되어야 한다.

행정이 플랫폼이 된다는 건, 관료가 시민을 판단하지 않고, 시민이 스스로 필요한 것에 다가갈 수 있도록 길을 열어주는 일이다. 중앙에서 일괄 설계된 시스템이 아니라, 지역마다, 상황마다 다른 맥락을 담을 수 있는 분산적이고 유연한 방식이 요구된다. 이런 전환을 실현하려면 기술이 필요하다. 하지만 기술만으로는 부족하다. 행정의 감수성, 공공을 향한 마음, 사람에 대한 존중이 먼저 있어야 한다. 모든 국민에게 같은 제도를 주는 것이 평등이 아니라, 모든 삶에 닿을 수 있도록 방식을 조정하는 것이 평등이라는 인식의 전환이 필요하다. 그 조정은 전산 시스템이 아니라 사람의 손과 눈에서 출발한다.

플랫폼이란 사람과 사람을 이어주는 '관계의 장場'이다. 기본사회가 작동하려면, 그 관계를 어떻게 이어줄 것인가를 고민해야 한다. 소득과 서비스, 데이터와 기술, 주민과 공무원, 마을과 지방정부, 이 모든 요소가 서로 어긋나지 않고 만날 수 있도록 행정은 연결자가 되어야 한다. 그 연결은 효율보다 신뢰를 우선해야 한다. 속도보다 지속가능성을 생각해야 한다.

행정이라는 말, 꼭 차갑고 멀게만 느껴져야 할까? '관료'라는 단어가 함께 살아가는 이웃을 뜻할 수는 없을까? 기본사회는 행정을 낯설고 복잡한 것이 아니라, 사람 곁에 다시 돌려놓는 일이다. 단순히 절차 몇 개를 바꾸는 게 아니라, 사회가 어떻게 사람에게 닿을 수 있을지를 처음부터 다시 그려보는 일이다. 그 설계가 아직 완성되지 않았더라도, 이미 밑그림이 그려지기 시작한 곳에서 기본사회는 조금씩 움직이고 있다.

## 기술이 사람의 마음을 읽을 때

기술은 언제나 인간을 돕기 위해 발전해왔다고 말하지만, 정작 우리가 체감하는 기술은 삶과 점점 멀어지고 있는 느낌을 준다. 스마트해질수록 복잡해지고, 자동화될수록 인간은 더 많은 것을 증명해야 하며, 데이터가 늘어날수록 사람은 보이지 않는 코드 속에 묻혀간다. 기본사회는 기술을 배제하지 않는다. 그러나 기술이 인간을 위협하거나 대신하는 것이 되어서는 안 된다. 오히려 사람의 부족함을 알아채고, 정책이 놓친 틈을 채워주며, 공공의 손이 닿지 못한 곳까지 살필 수 있어야 한다. 다시 말하자면 기술은 차가운 시스템이 아니라, 사회의 손끝처럼 섬세하고 따뜻하게 작동하는 감각이어야 한다.

우리가 기술을 사용하는 이유는 단순히 효율 때문만이 아니다. 복잡한 것을 단순하게 만들고, 느린 것을 빠르게 만들며, 누락된 것을 발견하고, 그 누구도 놓치지 않게 하려는 것이다. 이것은 숫자와 알고리즘의 문제가 아니다. 공공 기술이 진짜 감각을 가지려면, 그것을 만드는 사람이 먼저 사회를 향해 따뜻한 마음을 가져야 한다. 예를 들어 한 독거노인에게 매일 정해진 시간에 복약 확인 전화를 걸어주는 시스템이 있다고 해보자. 그런데 어느 날 아무 응답이 없다면, 그 사실이 자동으로 주민센터에 알려지고, 복지 담당자가 곧바로 안부를 확인하러 찾아가도록 하는 것이다. 이 시스템의 핵심은 기술이 아니다. 기술이 조용한 위기를 눈치채고, 행정이 따뜻하게 다가갈 수 있도록 연결해주는 마음의 통로가 핵심이다.

서울시 성동구에서는 청년이 실직하거나 주소지가 말소되거나 급격히 변경되는 등 주거 불안정의 징후가 데이터에 포착되면, 청년정책 전담관에게 자동으로 알림이 전달된다. 담당자는 직접 전화를 걸어 근황을 묻고, 필요한 경우 상담과 지원을 연계한다. 기술은 말하지 않는 사람의 사정을 들여다보는 사회의 감각기관이 되어주었다. 이런 기술은 소유의 대상이 아니라, 공공의 윤리를 품은 사회적 장치가 되어야 한다. 기본사회는 기술이 권력의 도구가 되거나 이윤의 추출 장치로만 기능하는 차원을 넘어서야 한다. 그래서 공공 알고리즘, 디지털 주권, 데이터 공유부 같은 개념이 등장하는 것이다.

기술은 누구의 것인가. 우리가 남긴 발자국, 우리가 만들어낸 정보, 우리가 참여한 플랫폼에서 축적된 행태의 패턴들은 과연 누구의 소유가 되어야 하는가. 기본사회는 이 질문 앞에서 기술을 '공동의 것'으로 다시 설계해야 한다고 말한다. 기술의 효용을 나누는 것이 아니라, 기술이 만들어낸 가치 자체를 모두의 삶에 다시 환원하는 구조로 사회 전체를 다시 짜야 한다.

하지만 기술은 만능이 아니다. 기본사회는 기술을 신격화하지 않는다. 기술은 결코 사람을 대신할 수 없다. 기술은 사람을 보완할 수는 있어도, 사람이 가진 책임과 판단, 돌봄과 연대, 공감과 선택의 영역을 완전히 대체할 수는 없다. 그래서 우리는 기술이 인간을 넘어설까 두려워하기보다, 기술이 인간을 중심에 둘 수 있는 방식으로 설계되고 있는가를 물어야 한다.

기본사회가 필요로 하는 기술은 사람을 일렬로 세우는 시스템이 아니라, 사람을 존중하고 보듬는 설계 철학이다. 기술은 사회의 가장 약한 지점을 기준으로 설계되어야 한다. 접근성이 낮은 사람, 디지털 소외 계층, 언어가 다른 이들, 손이 느리고, 말이 부족하고, 사정이 복잡한 사람들을 먼저 고려하는 기술이야말로 기본사회가 바라는 기술이다.

그러므로 기술은 결국 감각의 문제다. 정책이 도달하지 못하는 곳, 행정이 포착하지 못하는 시간, 시민이 말로 설명하지 못하는 사정, 그 틈을 메워주는 손길이 될 수 있다면, 기술은 기본사회의 눈이자 귀가 된다. 그리고 그 순간 기술은 효율을 넘어서, 인간의 마음을 알아채고 존엄을 지켜주는 따뜻한 손길이 된다.

### 함께 받되 다르게 누리는 권리

기본사회는 모두를 위한 사회다. 그 '모두'에는 어떤 조건도 붙지 않는다. 나이, 소득, 성별, 지역, 직업, 가족 형태, 건강 상태 등 어떤 차이도 누구를 제도에서 배제할 수 있는 이유가 되어서는 안 된다. 그래서 기본사회는 보편성이라는 원칙 위에서 출발한다. 하지만 그와 동시에 모든 사람이 같지 않다는 것도 안다. 누군가는 지금 당장 생계가 급하고, 누군가는 시간의 여유는 있지만 정서적으로 고립되어 있다. 누군가는 의료 접근이 필요하고, 누군가는 배우고 다시 시작할 기회가 절실하다.

사람은 누구나 다르고, 그 다름은 '차별'이 아니라 '차이'다. 기본사회는 이 차이를 인정한다. 그리고 그 인정 위에서 '맞춤성'이라는 설계 원칙을 함께 품는다. 보편성과 맞춤성, 이 둘은 자칫 서로 충돌하는 가치처럼 느껴진다. 하나는 '모두에게 똑같이'라는 윤리이고, 다른 하나는 '각자에게 적절하게'라는 감각이다. 하지만 기본사회는 이 두 가지를 갈등의 축이 아니라 조율의 기술로 바라본다.

기본소득은 누구에게나 조건 없이 주어지는, 모두를 위한 약속이다. 모두에게 조건 없이 주어지며, 존재 자체를 사회가 승인한다는 신호이기도 하다. 그런데 그 돈의 의미는 사람마다 다르다. 누군가에게는 끼니 한 끼, 누군가에게는 책 한 권, 누군가에게는 교통비, 누군가에게는 처음으로 구입한 칫솔이나 양말이 되기도 한다. 그 용도는 정해지지 않았고, 그 자유는 곧 맞춤성의 출발이기도 하다.

기본서비스도 마찬가지다. 모든 국민에게 동일하게 주거, 의료, 에너지, 교육, 교통, 돌봄, 문화, 통신, 금융 등의 접근이 보장되어야 한다. 하지만 그 '접근 방식'과 '필요 수준'은 사람마다 달라야 한다. 예를 들어 어르신에게는 이동 자체가 가장 큰 장

벽이지만, 청년에게는 심리상담이 더 시급한 서비스일 수 있다. 농촌에서는 교통 접근권이 핵심이지만, 도시에서는 정서적 안전망이 더 절박한 경우가 많다. 기본사회는 이 차이를 행정이 감지하고, 기술이 조율하고, 공공이 반영할 수 있도록 설계하는 사회다. 보편성을 유지하면서도, 그 안에서 사람의 필요가 다르게 작동하도록 설계 자체가 유연해야 한다.

이런 설계는 단지 복잡한 시스템을 말하는 것이 아니다. 오히려 사람을 중심에 두었을 때 구조는 더 단순해지고, 경로는 더 직관적으로 되며, 정책은 더 따뜻해질 수 있다. 기존의 복지는 자주 물었다. "당신은 받을 자격이 있습니까?" 하지만 기본사회는 묻지 않는다. 그 대신 묵묵히 도달한다. 그리고 도달한 뒤 조용히 선택지를 열어놓는다. 그 선택지 안에서 사람은 자신의 삶을 가장 자신에게 어울리는 방식으로 회복할 수 있다.

기본사회는 모두에게 기본을 주되, 각자에게 가장 필요한 것을 다르게 제공할 수 있어야 한다. 그것이 가능해지려면 보편성과 맞춤성 사이의 조율점을 찾아야 한다. 그 조율은 자동화된 행정이 아니라, 삶의 리듬을 아는 제도 설계자들에 의해 가능하다. 정책이 '정의로워지는 순간'은, 모두에게 동일한 무언가를 지급할 때가 아니라, 각자가 '존중받고 있다'는 감각을 느낄 때다. 그리고 그 감각은 나에게 딱 맞는 방식으로 사회가 나를 알아보는 순간에 살아난다.

기본사회는 그 감각이 가능한 사회다. 보편의 언어와 맞춤의 감성이 같은 문장 안에서 함께 발화되는 질서, 그 질서는 절대 단순하지 않지만, 그만큼 사람을 깊이 품는다. 우리는 이제 그 질서를 복잡함이 아니라 섬세함으로 이해해야 한다. 기본사회는 그래서, 가장 넓은 것을 모두에게, 가장 적절한 것을 각자에게 건네는 사회다.

## 틀이 아니라, 길을 만들어가는 일

설계라는 단어는 종종 완성도를 떠올리게 한다. 도면은 정확해야 하고, 수치는 정밀해야 하며, 모든 것이 미리 계산되어 있어야 한다는 강박처럼 느껴진다. 그러나 삶은 그렇게 작동하지 않는다. 삶은 늘 조금씩 어긋나고, 예측을 자주 비켜 가며, 계획을 수시로 깨뜨리면서 새롭게 방향을 만들어간다. 그래서 기본사회는 완성된 설계로는 지탱될 수 없다. 그것은 하나의 고정된 제도이기보다 살아 있는 시스템, 즉 변화하는 조건에 반응하고, 다양한 삶의 곡선을 수용하며, 끊임없이 조정되고 진화할 수 있는 사회적 제도여야 한다.

기본사회는 어떤 이상적인 모델 하나를 목표로 삼지 않는다. 그 대신 수많은 실험과 시도, 실패와 재설계의 과정을 품은 구도를 지향한다. 신안에서의 햇빛연금, 성남의 청년 기본소득, 부여의 주민참여형 에너지 배당, 서울 성미산 마을의 돌봄 커먼즈, 화성의 문화 바우처 실험들이 다 그렇다. 이 모든 사례는 완벽하지 않지만, 그럼에도 '시작되었기 때문에 의미 있는' 기본사회의 일부인 것이다.

살아있는 제도는 실행하고 되돌아보는 과정을 거치면서 서서히 자라난다. 설계자와 사용자가 분리되어 있지 않고, 운영자와 주민이 대화를 지속하며 체계 자체를 함께 바꾸어가는 시스템, 기본사회는 그런 체계만이 지속가능하다고 믿는다. 행정도 그렇다. 한번 설계된 제도를 그대로 유지하기보다, 정책이 현실의 속도에 뒤처지지 않도록 계속해서 조정하고 다듬는 기술이 필요하다. 기본소득이 '금액'이 아니라 '기회'로 작동하려면, 기본서비스가 '카탈로그'가 아니라 '경험'으로 남으려면, 그 기본 체계는 늘 유동적이고, 사람의 삶에 민감해야 한다.

기술도 마찬가지다. 알고리즘은 중립적이지 않으며, 데이터는 해석하는 손에 따라 결과가 달라진다. 기본사회는 기술을 제도화하되, 그 제도가 '변화에 열린 방식'으로 작동하기를 원한다. 프로그램을 고정시키는 것이 아니라, 공공의 감각으로 지속적으로 업데이트할 수 있는 제도를 만든다. 기본사회는 그렇게 '완성'보다 '갱신'을, '정지'보다 '순환'을, '이념'보다 '감응'을 더 중요하게 여긴다.

이런 사회에서는 시민이 제도의 대상이 아니라 제도의 '공동설계자'가 된다. 이런 시스템에서는 지방정부가 단순한 행정 집행기관이 아니라, 현장의 감각을 정책에 반영하는 유연한 매개자가 된다. 기술자 또한 단지 시스템을 만드는 사람을 넘어서, 사회의 흐름을 감지하고 구현하는 동반자로 작동한다.

따라서 기본사회는 멀리 있는 모델이 아니다. 오히려 바로 지금, 우리가 발 딛고 있는 자리에서 하나씩 질문하고, 실험하고, 조율하면서 만들어가는 과정 그 자체다. 그리고 그 과정이 살아 있는 한, 기본사회는 끊임없이 태어나고 성장한다. 설계는 완성의 선언이 아니다. 설계는 가능성을 계속 이어가겠다는 약속이다. 그 약속 위에 우리는 더 조화로운 삶, 더 따뜻한 질서, 더 신뢰할 수 있는 사회를 차근차근 쌓아갈 수 있을 것이다. 기본사회는 그렇게, 완벽하진 않지만, 누구나 살아갈 수 있는 삶의 터전이 된다.

**10장**

# 공유부와 기본사회

### 자원을 바꾸면 사회가 바뀐다

기본소득과 기본서비스는 많은 이들에게 '지출'로 인식된다. 어디에서 그 많은 돈이 나올 수 있느냐는 질문이 기본사회를 둘러싼 논쟁의 가장 흔한 출발점이기도 하다. 하지만 이 질문 속에는 언제나 하나의 고정관념이 깔려 있다. 우리가 지금 '쓸 수 있는 것'이 이미 정해져 있다는 믿음. 그리고 그 재원은 늘 세금과 같은 기존 틀 안에서만 마련되어야 한다는 제한된 상상력. 기본사회는 그 전제부터 다시 묻는다. 지금 우리가 당연하게 생각하고 있는 소유 구조는 과연 모두에게 정당한가? 우리가 함께 만들어낸 가치들, 우리가 공동으로 유지하고 있는 자산들, 우리 모두의 데이터와 알고리즘과 에너지와 공간은 왜 특정한 누군가의 사유물이 되어 있는가?

이 장에서는 우리가 '공공'이라 부를 수 있는 자산, 다시 말해 '공유부'를 어떻게 정의하고, 어떻게 함께 돌보며, 어떻게 나누어야 할지를 본격적으로 이야기한다. 공유부는 단지 국가 소유나 공공시설만을 뜻하지 않는다. 그것은 우리가 함께 살아가는 데 반드시 필요한, 삶의 바닥을 흐르는 숨결 같은 것들이다. 디지털 정보에서부터 자연 자원, 공기와 토지, 시간과 돌봄, 기술과 에너지, 플랫폼과 알고리즘에 이르기까지, 이 모든 것이 바로 21세기를 움직이는 새로운 공공의 얼굴이다.

우리는 이제 묻기 시작해야 한다. 누구의 자원인가? 누가 사용하고 있는가? 그 수익은 누구에게 가고 있는가? 그리고 그것을 다시 사회 전체의 토대로 삼을 수는 없는가? 공유부는 기본사회가 작동할 수 있는 또 하나의 경제 질서이자 존엄과 돌봄의 지속가능한 인프라다. 이 장은 '함께 살아간다'라는 말이 실제로 어떤 자산을 어떻게 나누며 살아가고 있는지를 묻는 이야기로 이어진다. 말뿐이 아닌 삶의 구체적인 모습, 우리가 엮이고 연결되는 방식을 하나씩 들여다보려 한다.

## 공유부란 무엇인가

우리는 익숙하게 말한다. "이건 내 것이다." 책상 위의 공책부터 지갑 속의 현금, 집과 자동차, 땅과 주식까지. 우리는 세상을 '소유'의 언어로 배워왔다. 누가 무엇을 가지고 있고, 그것을 어떻게 관리하며, 그에 대한 권리를 어디까지 주장할 수 있는가. 하지만 어느 순간, 그 '내 것'이라는 말이 너무 커지고 너무 무거워졌다. 누군가는 수백 채의 집을 소유하고, 누군가는 평생 전세 한 번 바꾸기 어려운 프레임 속에 갇혀 있다. 누군가는 알고리즘으로 하루에도 수억 원을 벌지만, 그 알고리즘은 우리의 눈길과 손끝, 취향에서 만들어진 것이다.

우리는 언제부터인가 함께 만든 것을 혼자 소유하는 세계에 익숙해졌다. 기본사회는 이 익숙함에 의문을 제기한다. 정말 이것은 누구의 것인가? 우리가 숨 쉬는 공기, 도로와 하천, 모두가 생산에 참여한 데이터, 기초연금과 국민건강보험이 가능했던 사회적 기반, 이 모든 것은 특정 개인이나 기업이 혼자 만들어낸 것이 아니다. 그것은 함께 쌓아 올린 시간의 탑이고, 오랜 세월 동안 이어진 마음들의 결실이며, 서로의 손길이 모여 빚어낸 우리의 가장 따뜻한 풍경이다.

그렇다면 이런 자산은 '누가 소유해야 하는가?' 이 질문에 대한 새로운 대답이 바로 공유부라는 개념이다. 공유부는 단지 정부가 소유한 공공재만을 뜻하지 않는다. 그보다 훨씬 넓고, 훨씬 깊다. 공유부는 우리가 함께 만든 것, 함께 유지하고 있는 것, 그리고 함께 누릴 자격이 있는 것을 통틀어 가리킨다. 자연자원뿐만 아니라 디지털 정보, 공공 알고리즘, 플랫폼에서 생성되는 사용자 데이터, 시간과 돌봄, 문화와 언어까지, 모든 사회적 생산의 기반이면서도 사유화된 자산들이 공유부의 범주에 들어온다.

이 개념은 개인의 소유를 부정하지 않는다. 누구나 삶을 지탱하기 위해 자신만의 공간과 자원이 필요하다는 사실을 존중한다. 하지만 이 세상에는 단지 한 사람의 소유만으로는 설명할 수 없는 자산들이 있다. 공기처럼, 햇빛처럼 우리가 함께 쓰고 함께 지켜온 것들, 기술과 플랫폼, 데이터와 알고리즘, 에너지와 돌봄에 이르기까지, 이제는 우리 모두의 시선과 시간, 손길과 감정이 얽혀 만들어낸 것들이 너무나 많다. 이 제안은 그런 자산들을 더 이상 일부만의 이익으로 묶어두지 말자는 뜻이다. 함께 소유하고, 함께 돌보며, 그 결실을 다시 공동체에 되돌리는 순환의 길을 만들자는 제안이다. 그것은 '소유의 종말'이 아니라 나눔의 시작이고, 경쟁의 구도가 아니라 공존의 설계다.

그동안의 경제는 '개인이 얼마나 가지는가'를 중심으로 설계되어왔다. 하지만 기본사회는 '우리가 무엇을 함께 갖고 있는가'를 중심으로 다시 사회를 구성하려고 한다. 이 발상의 전환은 단순히 철학적인 차원에서 멈추지 않는다. 매우 현실적인 결과를 낳는다. 플랫폼 기업이 이용자 데이터로 수익을 얻는다면, 그 수익의 일정 부분은 이용자 전체에게 돌아가야 한다. 마을 주민이 햇빛으로 생산한 전기를 팔았다면, 그 수익은 기여와 참여에 따라 주민들이 함께 누릴 수 있어야 한다. 공공연구기관이 개발한 기술은 기업의 이윤이 아니라, 사회 전체의 삶의 질을 높이는 데 활용되어야 한다.

공유부는 단지 새로운 세금을 거두기 위한 도구가 아니다. 이미 우리 곁에 존재하는 가치의 흐름을 새롭게 바라보고 다시 숨결을 불어 넣는 상상이다. 누군가의 것을 빼앗아 공공으로 돌리자는 이야기가 아니다. 오히려 처음부터 모두의 손길과 시간, 관심으로 쌓여온 자산이라면, 그것을 처음부터 함께 가꾸고 함께 누릴 수 있는 방식으로 조직하자는 제안이다. 공유부는 또 다른 이름의 '소유'를 말하지 않는다. 그것은 관계로 이어지는 방식이며, 신뢰로 유지되는 자산이며, 다시 흘러 돌아오는 순환의 질서다. 한 사람이 움켜쥐는 것이 아니라, 함께 살아가는 우리가 나누고 다시 살려내는 삶의 흐름이다.

이제는 소유냐 공유냐의 이분법적 사고에서 벗어나 함께 살아갈 수 있는 방식을 새롭게 그려야 할 때다. 사회는 점점 더 복잡해지고, 가치는 점점 더 네트워크화되고 있으며, 자산은 점점 더 보이지 않게 축적된다. 그 속에서 기본사회는 묻는다. 이 새로운 시대에 우리는 무엇을 함께 소유할 수 있는가? 그리고 그것을 어떻게 함께 돌볼 것인가? 이 장은 그 질문을 붙잡고, 가장 먼저 떠오르는 자산 중 하나인 에너지를 첫 번째 항목에서 다룬다. 햇빛과 바람, 지금 우리 곁에 이미 도달해 있는 자연의 힘이 어떻게 기본사회의 재원이 되고, 사람들 사이에 나누어질 수 있는지를 살펴보려 한다.

## 햇빛의 몫, 바람의 몫

우리는 오랫동안 에너지를 '소수의 것이자 국가의 것'으로 여겨왔다. 석유와 석탄, 가스와 원자력은 늘 먼 어딘가에서 끌어와야 했고, 그 흐름의 시작과 끝은 언제나 거대한 자본과 중앙권력의 손안에 놓여 있었다. 에너지는 언제나 중앙집중화된 자원이었다. 그만큼 권력과 수익도 집중되어 있었다. 그러나 지금 우리는 완전히 새로운 시대의 문턱에 서 있다. 태양과 바람이라는 에너지의 새로운 주인들이 등장하고 있기 때문이다.

햇빛과 바람은 누구에게나 닿고 모든 경계를 허문다. 특정한 누구의 땅이나 특정한 누구의 기술이 없어도 이 에너지는 도달하고, 흐르고, 생산된다. 그리고 그것은 누구나 함께 나눌 수 있다는 뜻이다. 재생에너지는 단지 환경을 위한 기술이 아니다.

그것은 소유의 구조, 생산의 권리, 수익의 분배를 근본적으로 바꿀 수 있는 사회적 장치다. 햇빛과 바람이 주는 에너지 위에, 우리는 더 따뜻하고 공평한 사회의 틀을 세울 수 있다.

널리 알려진 것처럼 전남 신안에서는 그 실험이 이미 시작되었다. 주민들이 직접 참여한 태양광 발전 사업을 통해 발전 수익의 일정 부분이 지역 주민에게 정기적으로 배당되고 있다. 그 배당은 계절마다 다르지만, 사람들의 삶에는 분명한 울림을 남긴다. 누군가는 그 돈으로 병원 진료를 받았고, 누군가는 정육점에서 고기를 샀고, 누군가는 처음으로 저축이라는 단어를 삶에 새겼다.

중요한 것은 이 모든 것이 국가의 예산이 아니라 지역의 햇빛에서 만들어졌다는 사실이다. 기술은 준비되어 있었고, 삶의 필요는 절박했다. 결국 우리 앞에 남은 건 단 하나의 물음이었다. 이 에너지의 주인은 과연 누구인가. 부여, 임실, 해남 등지에서도 주민참여형 태양광 사업이 논의되고 있다. 지붕 위의 패널 한 장이, 들판의 풍력 터빈 한 대가 지역의 기본소득이 되고, 돌봄 예산이 되고, 공공시설 운영비가 되는 방식. 이것은 상상이 아니라, 실행 가능한 공유부 기반 경제의 시범 모델이다.

에너지의 주인이 된다는 건 단순히 전기요금을 아끼는 문제가 아니다. 그것은 마을이 스스로 살아갈 힘을 갖는다는 뜻이고, 주민 한 사람 한 사람이 자원의 흐름에 손을 얹고 있다는 증거다. 햇빛으로부터 얻은 수익이 다시 사람들에게 돌아올 때, 우리는 단지 에너지를 나누는 것이 아니라 책임과 권한, 그리고 미래를 함께 나누는 것이다. '에너지 민주주의'란 말속에는 소유와 참여, 배당과 지속가능성이라는 새로운 약속이 담겨 있다. 그것은 우리가 더 이상 소비자가 아니라, 이 시대를 함께 꾸려가는 생산 주체라는 선언이다.

이러한 구조는 필연적으로 '배당형 기본소득'이라는 개념과 연결된다. 기본소득이 언제나 중앙정부의 대규모 재정에만 의존해야 한다면, 그 지속가능성은 위협받는다. 하지만 지역 단위에서 만들어진 자원, 특히 햇빛과 바람이라는 공유 가능한 에너지를 통해 수익이 순환되고 배당된다면, 기본소득은 국가 재정을 넘는 새로운 재정 구조를 갖게 된다. 재생에너지는 매년 반복적으로 수익을 낸다. 토지임대료, 발전 판매 수익, 주민참여형 배당 등 다양한 수익 모델이 존재하며, 그 구조는 투명하고 예측 가능하며, 사회적으로 설계할 수 있다.

우리는 이제 다시 묻기 시작해야 한다. 햇빛의 수익은 누구의 것인가? 바람을 통해 만들어진 이윤은 어디로 흘러가는가? 그 자원이 우리 곁에 있다면, 그 수익도 우리 곁에 있어야 하지 않겠는가? 함께 사용하는 자원을 함께 소유하고, 함께 배당받는 사회. 그것은 경쟁에서 이긴 사람이 독점하는 사회가 아니라, 존재하는 것에 대해 모두가 연결된 권리를 가지는 사회다.

햇빛은 담장을 가리지 않고 누구의 어깨 위에나 고르게 내려앉고, 바람은 허락을 구하지 않은 채 모든 삶의 틈을 스쳐 지나간다. 그 자연의 흐름 위에 새로운 경제를 놓고, 새로운 공동체의 틀을 설계하는 일, 그것이 바로 에너지를 통해 기본사회를 여는 방식이다.

이제 우리는 자산을 바라보는 방식을 바꿔야 한다. 소유에서 연결로, 독점에서 순환으로, 투기에서 나눔으로. 재생에너지는 그것이 가능하다는 것을 이미 햇빛과 바람으로 증명하고 있다. 기본사회는 거창한 계획이 아니라, 그렇게 바람이 불고 햇빛이 내려앉는 자리에서 조용히 시작될 수 있다.

## 햇빛과 바람, 새로운 시대를 열다

한국은 오랫동안 '자원의 저주'라는 말을 숙명처럼 안고 살아왔다. 석유 한 방울 나지 않는 나라, 석탄도 고갈되고 가스마저 외국에 의존해야 하는 현실은 우리에게 '없는 것'의 무게를 끊임없이 체감하게 했다. 눈부신 산업화를 이루는 동안에도 우리는 늘 에너지의 끈을 바깥으로 늘어뜨려야 했고, 세계 정세와 환율, 수급 불안에 따라 우리의 삶과 경제는 민감하게 흔들렸다.

그러나 이제 이야기가 달라지고 있다. '길이 열리면 새로운 시대가 열린다'라는 말처럼, 우리는 지금 새로운 시대의 문 앞에 서 있다. 더 이상 땅속 깊은 곳, 바다 깊은 곳에 묻힌 자원을 캐내겠다고 발버둥 치지 않아도 된다. 더 이상 태평양 건너를 바라보며 숨죽이지 않아도 된다. 우리가 매일 걷는 이 땅 위에, 우리가 고개만 들면 볼 수 있는 저 하늘에, 이미 답이 있었다. 햇빛은 누구에게나 내리쬐고, 바람은 누구에게도 묻지 않고 스쳐간다. 그 무엇으로도 가둘 수 없는, 가장 자유롭고 공평한 자원이다.

대한민국은 지금, 과거의 자원 빈국에서 재생에너지 강국으로 도약할 수 있는 결정적인 기회를 마주하고 있다. 기술은 준비되어 있다. 태양광은 나날이 효율을 높이고 있고, 풍력은 해안과 산지를 따라 무한한 가능성을 펼치고 있다. 그 에너지를 누가 먼저 손에 쥐느냐가 새로운 시대의 방향을 결정한다. 지금 우리는 선택의 기로에 서 있는 것이 아니다. 선택의 문이 우리 앞에 이미 열려 있는 것이다.

기본사회는 이 재생에너지의 전환이 단순한 산업 혁신이나 경제성장의 동력만이 되기를 바라지 않는다. 우리는 이 흐름을 '공유부'의 전환점으로 삼아야 한다. 햇빛에서 나오는 수익이 대기업의 소유가 아니라, 그 땅 위에 사는 주민의 배당으로 이어질 수 있다면, 바람의 힘이 수도권 전력망을 돌리는 데 쓰이는 동시에 지역 아이들의 교육비와 노인들의 돌봄 예산으로 환원

된다면, 바로 그 순간 우리는 '자원의 저주'에서 '자원의 축복'으로 대전환의 길로 들어선 것이다.

그것은 에너지 민주주의이자 분권형 경제의 출발점이며, 무엇보다 인간 중심의 전환이다. 외국 자본이 독점하던 발전소가 아니라, 마을 주민이 함께 투자하고 운영하며 수익을 공유하는 에너지 협동조합, 지방정부가 주민과 손잡고 추진하는 주민참여형 태양광 단지, 이것이야말로 공유부를 현실로 만드는 길이며, 기본사회를 가능하게 하는 실질적 기반이다.

햇빛은 여전히 그 자리에 있다. 땅은 묵묵히 빛을 받아들이고, 바람은 저녁 들판을 조용히 휘감는다. 우리가 바꿔야 할 것은 단지 기술이나 제도가 아니다. 진짜로 바꿔야 할 것은 이 자원을 바라보는 우리의 상상력이다. 누군가만의 독점적 이윤으로 묶어두는 것이 아니라, 모두의 삶을 비추는 빛으로 바라볼 수 있는 눈을 가져야 한다. 수출입 통계의 숫자가 아니라, 지역의 아이들에게 따뜻한 밥 한 끼로 돌아가는 햇빛으로 품어야 한다. 에너지를 넘어서 마음까지 이어지는 상상력으로 거듭나야 한다. 그 새로운 길이 지금 우리 앞에 열리고 있다.

한국은 더 이상 자원이 빈곤한 나라가 아니다. 이제 우리가 찾아야 할 것은 땅속 깊은 무엇이 아니라, 이미 우리 곁에 있는 자원을 어떻게 함께 나눌 것인가에 대한 새로운 상상력이다. 발견의 시대는 지나고, 이제는 '어떻게 함께할 것인가'를 묻는 시대가 열렸다. 그 첫걸음은 거창하지 않다. 햇빛이 내려앉는 지붕 위에, 바람이 스쳐 가는 들녘 위에, 조용히 그러나 결을 따라 스며들 듯 시작되는 것이다. 그곳에 우리는 누구의 것도 아닌 모두의 자원으로 모두의 삶을 데우는, 바람과 햇빛으로 엮어낸 새로운 미래 사회를 건설할 수 있다. 우리에게 필요한 것은 그 가능성을 믿고 한 걸음 내딛는 용기뿐이다.

## 주민이 주도하는 에너지 전환

햇살이 머무는 땅, 바람이 지나가는 산등성이, 그곳에서 사람들이 살아간다. 재생에너지는 단지 기술의 문제가 아니라 결국 사람의 이야기다. 아무리 좋은 태양광 패널과 풍력 터빈이 있어도, 그것이 놓일 자리에 사는 이들의 마음을 얻지 못한다면 에너지 전환은 시작될 수 없다. 그래서 우리는 먼저 생각해야 한다. 에너지 전환이란 누구를 위한 것인가. 누가 그 변화를 설계하고, 누가 그 수익을 누릴 것인가. 이제 더 이상 주민은 설명을 들어야 할 대상이 아니다. 이해시켜야 할 존재도 아니다. 에너지 전환의 주체는 바로 그곳에서 자리를 잡고 사는 사람들이어야 한다.

강원도 태백의 가덕산은 해발 1,100미터가 넘는 능선에 풍력

발전기가 돌고 있는 곳이다. 과거 이곳에 풍력단지를 짓겠다는 계획이 세워졌을 때, 지역 주민들은 당연히 반대했다. 경관 훼손, 소음 피해, 배제된 의사결정. 낯설지 않은 갈등의 서막이었다. 그러나 이번에는 달랐다. 사업자는 말 대신 먼저 귀를 열었고, 주민들과 대화 테이블을 만들었으며, 더 나아가 주민을 사업의 주체로 초대했다. 마을 사람들이 공동으로 출자할 수 있는 기반을 만들고, 수익이 일정 비율로 지역에 돌아가도록 설계했다. 바람은 변하지 않았지만, 바람을 대하는 마음이 달라졌다. 낯선 철탑이 아니라, 마을의 미래가 그 산등성이를 돌고 있다고 믿게 된 것이다. 주민들은 이제 "왜 우리 동네에 풍력발전이 들어오느냐"라고 묻지 않는다. 대신 이렇게 말한다. "우리 마을이 바람을 품었다"라고.

재생에너지의 길목마다 가장 먼저 필요한 것은 자본이나 장비가 아닌 사람의 동의다. '주민수용성'이라는 이름으로 불리는 이 과제는 오늘날 한국의 에너지 전환이 넘어야 할 가장 높은 고개이기도 하다. 그러나 그 고개를 넘는 방법은 생각보다 멀리 있지 않다. 주민을 설득의 대상이 아니라 변화의 주체로 세우는 것이다. 마을이 스스로 에너지의 미래를 설계할 수 있도록 기회를 여는 일이다. 그것이 바로 '주민참여모델'이다.

이제 눈을 바다로 돌려보자. 인천 앞바다, 드넓은 해상에 풍력 터빈을 세우려는 계획이 있다. 주도하는 기업은 세계 최대

해상풍력 기업이자 덴마크 국영 발전사인 오스테드Ørsted다. 이 사업의 핵심은 'RE100'이다. 수많은 글로벌 기업들이 자신들이 사용하는 전력의 100%를 재생에너지로 전환하겠다고 선언하고 있다. 이 선언은 단지 환경 윤리의 표명이 아니다. 공급망, 투자, 이미지, 지속가능성의 모든 관점에서 이제 기업에게 재생에너지는 생존의 조건이 되었다. 하지만 문제는 공급이다. 기업은 재생에너지를 원하지만, 그것을 공급할 수 있는 인프라는 부족하다. 바로 여기서 주민참여모델이 해답이 된다.

그들은 말한다. "이제는 기술을 넘어 신뢰가 중요하다"라고. 오스테드는 해상풍력 사업에 지역 주민이 함께 참여할 수 있는 모델을 구상하고 있다. 발전 수익의 일부를 마을 기금으로 조성하거나, 일정 지분을 주민들이 보유하게 하는 방식이다. 이는 단지 '반대를 막기 위한 수단'이 아니다. 주민이 이익을 나누는 방식은 곧 주민이 선택하고 주도하는 방식이기도 하다. 덴마크에서 그랬듯이 그들은 한국에서도 말이 아닌 계약을, 설명이 아닌 참여를 택하고 있다.

우리가 바라는 에너지 전환은 수용의 시대를 넘어 주도의 시대로 가야 한다. 주민참여모델은 단순한 보상이 아니라 권한의 재배분이다. 햇빛과 바람을 소유할 수는 없지만, 그 수익의 방향은 바꿀 수 있다. 서울의 고층 빌딩이 아닌 변방의 작은 마을이 에너지의 주인이 되는 그날, 우리는 이렇게 말하게 될 것이다. "기본사회는 멀리 있지 않았다"라고. "가깝고 소박한 변화가 우리 모두의 삶을 따뜻하게 비추고 있었다"라고.

## 데이터는 누구의 것인가

우리는 매일 수없이 많은 디지털 발자국을 남긴다. 걸음 수, 검색어, 시청 기록, 결제 내역, 클릭 패턴, 친구 목록, '좋아요' 이력. 그것은 스쳐 지나가는 정보 같지만, 이 모든 파편은 연결되어 하나의 거대한 네트워크를 만든다. 그 운영 체계는 나보다 나를 더 잘 아는 알고리즘이 되고, 그 알고리즘은 자산이 되며, 그 자산은 수익을 낳는다. 문제는 그 수익이 누구의 것이냐는 데 있다. 우리는 그 체계를 함께 만들어냈다. 우리가 정보를 제공했고, 우리가 그 플랫폼을 사용했으며, 우리가 그 생태계를 유지했다. 하지만 그 수익은 소수의 기업, 소수의 주주, 소수의 서버 안에 갇혀 있다.

기본사회는 여기서 다시 묻는다. 데이터는 누구의 것인가? 그리고 그 데이터가 만든 가치는 어떻게 다시 사회로 환원되어야 하는가? 이 질문은 단지 기술의 영역이 아니다. 21세기 사회가 어떤 자산 개념을 가질 것인가에 대한 윤리적 선택의 문제다. 토지와 자본, 기계와 노동이 산업사회의 핵심 자산이었다면, 지금 이 시대의 핵심은 데이터와 알고리즘, 플랫폼과 네트워크다. 이제 그 자산을 어떻게 정의하고, 어떻게 분배하고, 어떻게 사회화할 것인지에 따라 우리가 살아가는 질서 자체가 달라진다.

'데이터 공유부'라는 개념이 등장한 것은 이런 맥락에서다. 우리가 생성한 모든 데이터는 하나의 공공 자산으로 간주될 수 있으며, 그 데이터를 통해 발생하는 수익 일부는 모든 시민에게 디지털 배당의 형태로 재분배될 수 있다는 상상, 이것은 단지 이상적인 환상에 머물지 않는다. 이미 몇몇 국가와 도시에서 실제 정책 실험으로 이어지고 있다. 핀란드는 '데이터 계좌제'를 검토하고 있다. 이탈리아의 일부 지방정부는 지역민의 온라인 활동 데이터를 수집해 지역화폐로 환급하는 시스템을 테스트 중이다. 대만은 공공 플랫폼에 시민이 직접 알고리즘의 원칙을 제안하고, 그에 따른 정책 수립 과정에 참여한다.

한국에서도 디지털 배당과 공공 알고리즘의 개념은 이제 더 이상 생소한 담론이 아니다. 데이터는 눈에 보이지 않지만, 이제 가장 강력한 자산의 형태가 되어 있다. 우리가 클릭한 순간이 모여 광고 수익을 만들고, 그 광고 수익이 플랫폼의 기업 가치를 키우며, 그 가치가 다시 주식시장에서 천문학적 이윤으로 돌아간다. 그러나 정작 이 시스템을 가능하게 한 사용자에게는 단 한 푼의 이익도 돌아오지 않는다. 이 불균형을 바로잡는 일은 단지 분배 정의를 회복하는 것을 넘어 기본사회를 작동 가능하게 만드는 재정적 기반이 될 수 있다.

공공 알고리즘이란 말은 이제 선택이 아니라 필수다. 정책이 데이터를 기반으로 설계된다면, 그 알고리즘이 어떤 기준으로 작동하는지, 누구의 손에서 설계되었는지, 무엇을 위해 조정되고 있는지는 사회 전체가 함께 점검하고 책임져야 할 '공공재'의 문제다. 기본사회는 기술을 억누르려 하지 않는다. 오히려 기술이 사람을 위한 방향으로 쓰이도록 길을 터주려 한다. '기술의 사회화'란, 기술의 자유를 막는 일이 아니라, 그 자유가 인간의 삶을 더 넓고 따뜻하게 만들도록 이끄는 일이다.

데이터는 추상적인 것이 아니다. 그것은 사람의 삶에서 나온 것이고, 사람의 삶을 바꿀 수 있는 것이다. 그 삶이 불평등하지 않도록, 그 변화가 독점되지 않도록, 우리는 지금 보이지 않는 자산의 흐름을 다시 설계해야 한다. 이제 우리는 기술 앞에서 두 가지 질문을 함께 던져야 한다. 무엇을 만들 것인가? 그리고 누구와 함께 나눌 것인가? 공유부로서의 데이터, 기본사회의 엔진으로서의 알고리즘, 그 연결이 매끄럽게 이루어질 때, 기술은 공공이 되고, 공공은 다시 사람에게 도달한다.

## 토지와 공간, 공기와 시간

공유부는 멀리 있지 않다. 우리가 매일 지나치는 골목, 잠시 멈춰 앉는 벤치, 이야기가 오가는 시장 골목, 그리고 그 모든 곳을 감싸는 공기와 햇빛. 이미 우리는 수많은 자산을 함께 쓰고 있고, 함께 숨 쉬고 있으며, 함께 나누는 삶의 조건 속에서 살아가고 있다. 그럼에도 우리는 종종 그 사실을 잊고 산다. '공유'라는 말이 거창한 개념처럼 들릴 때, '공공'이라는 단어가 낡고 먼 것처럼 느껴질 때, 사람들은 자신이 함께 무언가를 사용하고 있다는 감각을 동시에 잃는다.

기본사회는 잊고 지냈던 감각을 되살리는 데서 시작된다. 우리가 이미 함께 사용하고 있는 것들—길과 공기, 빛과 땅—그 모든 것을 이제는 함께 소유하고, 함께 돌보며, 함께 나누자는 제안이다. 그중에서도 '토지'는 가장 뚜렷하게 우리 삶에 닿아 있으면서도, 가장 많은 불평등과 갈등이 얽힌 자산이다. 모든 사람이 그 위에서 살아가지만, 모든 사람의 것이 아닌 시스템이다. 인간은 토지를 만든 적이 없다. 그런데도 토지는 절대적인 사적 소유의 상징이 되어버렸다. 우리는 이 토지를 개발하고, 가격을 올리고, 임대료를 받고, 자산으로 전환한다. 그 과정에서 토지는 더 이상 함께 살아가는 삶의 터전이 아니라, 숫자와 수익만을 위한 대상이 되어버렸다. 사람을 이어주던 땅의 숨결은 갈수록 희미해지고, 이제 그 자리에 남은 것은 이웃을 나누는 경계선과 평당 얼마로 계산되는 차가운 수치뿐이다.

기본사회는 이 흐름을 되돌리고자 한다. 모든 토지를 공공이 소유하자는 것이 아니라, 토지에서 나오는 불로소득, 즉 공동체의 노력 없이도 축적되는 이익은 사회 전체가 함께 나누어야 한다는 상식의 회복이다. 공공임대주택, 토지이익배당제, 개발이익환수제, 지역 기반 토지신탁과 토지공유제, 이 모든 제도는 토지를 단순한 재산이 아닌 삶의 조건으로 다시 정의하는 시도들이다.

공간도 마찬가지다. 공공도서관, 주민센터, 체육시설, 마을회관, 골목 쉼터. 이 모든 공간은 우리가 함께 이용하는 곳이지만, 때때로 너무나 불평등하게 배치되어 있다. 도시의 외곽과 농촌, 고령화 지역과 취약계층 밀집 지역일수록 공간은 좁고, 오래되었으며, 접근성은 낮다. 기본사회는 공간을 '누구나 접근할 수 있는 권리'로 본다. '장소의 평등'은 곧 '기회의 평등'이며, 공간의 품격은 곧 사람의 존엄을 반영한다. 따라서 물리적 공간의 재배치뿐 아니라, 그 안에서 이루어지는 관계와 활동을 설계하는 것도 공유부를 다시 나누는 중요한 방식이다.

다음으로 공기와 시간이다. 이 두 자산은 너무나 당연하게 여겨져 우리가 거의 인식하지 못하는 공유부다. 하지만 미세먼지, 기후 위기, 환경 질환을 겪는 이들에게 공기는 생존 그 자체다.

공기의 질은 점점 불평등해지고 있으며, 깨끗한 공기를 확보하는 일조차 자본의 규모에 따라 달라지고 있다. 기본사회는 공기를 공공의 자산으로 되돌려야 한다고 말한다. 에너지와 교통, 산업과 주거 정책은 공기의 질을 중심에 두고 다시 설계되어야 한다. 깨끗한 숨은 누구에게나 평등하게 주어져야 할 권리이기 때문이다.

그리고 시간. 시간은 가장 공평하게 주어진 것 같지만, 사실은 가장 불공평하게 쓰이고 있는 자산이다. 어떤 이는 하루 세 개의 일을 하며 시간을 쪼개 쓰고, 어떤 이는 병원 대기 줄에서 시간을 버틴다. 어떤 여성은 돌봄과 가사를 동시에 감당하고, 어떤 노인은 하루 종일 말을 건넬 사람이 없다. 우리는 시간을 '일'의 단위로만 계산하지만, 기본사회는 시간을 '삶의 온도'로 다시 환산한다. 돌봄의 시간, 멈춤의 시간, 사유의 시간, 관계의 시간, 이 모든 것은 돈으로 환산되지 않지만, 결핍될 때 삶은 쉽게 무너진다.

그래서 우리는 이제 다시 물어야 한다. 우리는 지금 무엇을 함께 쓰고 있는가? 그리고 그 자산을 어떻게 더 정의롭고 따뜻하게 공유할 수 있는가? 기본사회는 단지 나누자는 제안이 아니라, 이미 나누고 있는 것을 더 공정하게 나누자는 요청이다. 우리가 함께 숨 쉬는 공기, 함께 딛고 선 토지, 함께 걷는 거리, 함께 흘러가는 시간 그 모든 것에 다시 사람의 이야기를 새기고,

공존의 길을 함께 그려 나가야 한다. 공유부는 그렇게 사라진 감각을 되찾는 방식으로 작동한다. 그리고 기본사회는 그 감각에서 출발한다.

## 쌓는 사회에서 나누는 사회로

우리는 오랫동안 소유를 중심으로 살아왔다. '가진 것'이 삶의 질을 결정하고, '더 많이 가지는 것'이 경쟁의 목표가 되었으며, '잃지 않는 것'이 인간관계마저 규정해왔다. 하지만 이 시스템은 언제나 소수를 위한 것이었다. 소유가 축적될수록 격차는 벌어지고, 사적 재산은 불로소득을 낳으며, 공적 자산은 자본의 방식으로 흡수되었다.

기본사회는 여기에서 질문을 바꾼다. 더 많이 가질 것인가, 아니면 더 넓게 나눌 것인가? 그리고 그 질문의 중심에는 '공유부를 어떻게 운영할 것인가'라는 새로운 패러다임의 선택이 있다. 공유부는 사유화된 자산을 빼앗자는 말이 아니다. 공공으로만 소유하자는 것도 아니다. 오히려 그 자산이 모두의 삶을 지탱하고 있는 것이라면, 그 이익 역시 사회 전체로 환류되어야 한다는 당연한 상식에 기반한다.

이때 중요한 것은 '분배'만이 아니다. 공유부는 단지 이익을 나누는 원천이 아니라 순환의 구조다. 즉 생산된 가치가 공동체로 흘러가고, 공동체는 그 가치를 돌봄과 교육, 안전과 환경, 기본소득과 기본서비스로 다시 사회에 되돌린다. 그 순환이 반복될수록 사회는 단단해지고, 개인은 덜 불안해지며, 경쟁 대신 협력이 사회의 중심에 자리 잡는다. 신안의 햇빛연금은 전형적인 순환 모델이다. 태양광 발전 수익은 주민에게 배당되고, 그 배당은 다시 지역의 소비와 돌봄으로 돌아가며, 지자체는 이를 기반으로 더 많은 공공투자를 기획한다. 이 과정에서 외부 자본의 수익은 줄어들고, 내부 자원의 순환율은 늘어난다.

이 흐름은 데이터, 토지, 금융, 플랫폼 등 다른 자산 영역으로도 확장될 수 있다. 디지털 배당을 통해 데이터 생성자가 이익을 공유받고, 토지이익배당제를 통해 지역 거주자가 개발 이익을 환수하며, 공공 알고리즘 설계를 통해 시민은 기술이 누구를 향해, 어떻게 쓰일지를 함께 결정한다. 공유부가 순환할 수 있는 체계는 이미 곳곳에 씨앗처럼 흩어져 있다. 이제 필요한 것은 그 씨앗을 공동의 틀로 모아내는 정치적 상상력이다. 분산된 실험들을 제도화하고, 조용한 순환을 정책의 회로로 엮어내는 감각, 그 감각은 경제를 단지 시장의 관점에서 보는 것이 아니라, 삶을 지탱하는 시스템으로 재인식하는 감수성에서 비롯된다.

순환이란 단지 이익의 재분배가 아니다. 그것은 책임의 공유,

미래 세대를 향한 윤리, 경제와 생태, 인간과 자연을 잇는 설계 원리이기도 하다. 이 원리가 살아 움직일 때, 기본사회는 머릿속의 이상이 아니라, 삶 속에서 작동하는 현실이 된다. 공유부는 그렇게 기본사회로 전환된다. 모든 것을 다 가지려 하지 않고, 서로가 필요한 만큼을 함께 나눌 수 있다는 믿음. 더 많이 가질 자유보다 더 같이 살 수 있는 자유를 우선시하는 사회. 그 사회는 소유의 논리로는 상상할 수 없었던, 전혀 다른 공동체의 윤리 위에 세워진다. 기본사회는 바로 그 윤리를 함께 살아가는 틀로 바꾸는 일이다. 그리고 그 틀은 오늘도 작은 순환 속에서 조용히 작동하고 있다.

기본사회는 거대한 제도 개혁에서만 시작되는 것이 아니다. 경기 파주, 전북 완주, 서울 은평, 경기 화성 같은 지역들은 각기 다른 조건 속에서도 '삶을 함께 지탱하는 방식'을 스스로 실험하고 있다는 점에서 기본사회적 전환의 현장이다. 누군가는 로컬푸드를 통해 먹거리 기본권을 보장하고, 누군가는 바우처를 통해 문화의 선택권을 확장하며, 또 다른 누군가는 귀농 청년들과 함께 주거·노동·관계를 엮어 새로운 마을의 형식을 만들고 있다.

이 지역들은 모두 묻고 있다. "기본이란 무엇인가?" "그 기본은 누구와 어떻게 나눌 수 있는가?" 그리고 그 질문을 제도가 아니라 사람들과의 실천을 통해 답해가고 있다.

**11장**

# 기술이 사람을 만날 때

## 시스템이 아니라 사람을 위한 기술

앞서 우리는 신안의 햇빛에서, 성남의 지역화폐에서, 성미산의 마을 돌봄에서 기본사회가 추상적 구호나 장기적 이상 세계가 아닌 지금 이곳의 삶 속에서 작동하기 시작한 구체적 설계임을 확인했다. 이제 우리는 그다음 질문 앞에 서 있다. 이러한 기본사회가 어떻게 더 넓고, 더 깊고, 더 지속가능한 시스템으로 진화할 수 있을까? 시범사업에서 국가적 정책으로, 개별 지역에서 보편적 제도로, 시민의 감각에서 행정의 체계로, 기본사회는 어떻게 나아가야 할까?

그 물음에 답하기 위해서는 기술이라는 문을 통과하지 않을 수 없다. 기술은 더 이상 선택이 아니다. 기본사회가 실현될 수 있는지를 가르는 결정적인 전제이며, 그 작동을 가능하게 하는 사회적 엔진이자, 새로운 사회계약의 매개 언어다. 우리는 지금 AI가 인간을 대신하는 사회가 아니라, AI가 인간을 더 깊게 이해하고 더 넓게 도울 수 있는 사회를 상상하고 있다.

그러나 기술은 늘 누구를 중심에 두느냐에 따라 도움이 될 수도, 배제가 될 수도 있는 양면성을 지니고 있다. 기본사회는 기술을 단지 효율의 도구로 삼지 않는다. 오히려 기술이 복잡한 삶을 더 단순하게 만들고, 말하지 못한 사람의 필요를 먼저 감지하며, 지원이 도달하지 않는 곳에 행정의 손을 미리 뻗을 수 있는 방식으로 작동하길 바란다.

우리는 이미 알고 있다. 복지 사각지대를 감지하는 알고리즘이 있다. 데이터를 기반으로 청년의 위험 신호를 예측하고, 홀로 있는 노인을 식별해 복지사가 먼저 찾아갈 수 있도록 돕는 시스템이 있다. 기술은 감각을 확장하고, 정책은 그 감각에 따라 더 민첩하게 움직이게 된다. 기술이 없다면 공공은 느려지고, 기술이 사람을 중심에 놓지 않는다면 그 공공성은 무의미해진다. 기본사회는 기술과 공존해야 한다. 하지만 그 공존은 기술의 속도에 사람이 맞추는 방식이 아니라, 사람의 리듬에 기술이 호흡을 맞추는 방식이어야 한다.

### 기술은 누구의 편인가

　기술은 중립이라고들 말한다. 도구일 뿐이라고, 그것을 어떻게 쓰느냐에 따라 그 영향도 달라진다고 말이다. 하지만 현실은 그렇게 단순하지 않다. 기술은 언제나 누구를 중심에 놓고 설계되었는지, 무엇을 우선순위에 두었는지, 누구의 손에서 조정되고 있는지에 따라 그 방향과 무게가 달라진다. 기술은 환경의 영향을 받는다. 그리고 그 환경이란 단지 물리적인 조건이 아니라 사회적 맥락, 정치적 권력, 경제적 체계와 연관이 있다.

　한 나라의 법과 제도, 한 공동체의 문화와 가치, 한 기업의 이윤 구조와 전략이 기술이 작동하는 방식에 깊이 개입한다. 예컨대 알고리즘은 데이터를 바탕으로 판단한다. 그러나 그 데이터는 과거의 현실을 반영한다. 그리고 그 현실은 이미 차별과 불균형, 편향의 흔적을 담고 있다. 여성보다 남성의 사례가 많고, 도심의 데이터는 넘치지만 농촌의 정보는 비어 있으며, 주류의 언어와 문화가 비주류를 가릴 때, 기술은 말없이 누군가를 밀어내는 기계가 된다. 아무도 일부러 차별하지 않았지만, 그렇게 또 하나의 배제가 아무도 모르게 작동한다.

　기본사회는 이 지점에서 기술을 다시 읽는다. 기술이 정말 중립이라면, 그 중립성은 누구를 위해 작동하고 있는가? 기술이 단지 효율을 높이는 도구라면, 그 효율의 결과는 누구에게 이익이 되고, 누구에게 침묵을 강요하는가? 기본사회는 기술을 부정하지 않는다. 오히려 기술이 더 나은 사회를 가능하게 하는 결정적 조건임을 인정한다. 하지만 그 기술이 사람을 중심에 두고 있지 않다면, 그 사회는 결코 모두를 위한 사회가 될 수 없다. 기본사회가 말하는 건, 기술에도 사람을 위한 배려와 마음이 필요하다는 것이다. 기술은 속도보다 방향이 더 중요하다. 그 방향은 누가 조정하고, 어떤 윤리를 품고 있으며, 어디까지 책임질 준비가 되어 있는가에 따라 달라진다.

우리는 이미 알고 있다. 기술은 사람을 살릴 수도, 사람을 침묵시킬 수도 있다. 코로나19 팬데믹 기간 비대면 복지 시스템은 수많은 사람의 삶을 연결했다. 하지만 디지털 문해력이 낮은 고령층과 장애인은 그 시스템에서 더욱 소외되었다. 복지 신청은 오직 스마트폰 앱으로만 가능하고, 작은 오류 하나로도 누군가를 탈락시킨다. 그렇게 도움은 가장 필요한 사람 곁에서 멀어진다. 이 모든 것은 기술이 삶을 돕기보다는 방해할 수 있다는 현실을 보여준다. 기술이 인간 중심적이라는 것은, 단지 버튼이 누르기 쉽고 화면이 보기 편한지를 말하는 게 아니다. 기술이 어떻게 사회적 약자에 대한 감각을 품고 설계되며, 그 기술이 어떤 권력 구조 속에서 작동하고, 누가 그 흐름을 통제하는가의 문제다.

기본사회는 기술을 도구가 아니라 질서로 본다. 그 질서가 인간을 존중하는 방식으로 작동할 때, 기술은 기본사회의 토대가 될 수 있다. 그렇지 않다면, 기술은 더 정교한 배제와 더 강력한 불평등의 메커니즘이 된다. 우리는 지금 기술이 단순한 혁신을 넘어서 사회 전체의 구조를 다시 짜는 도면이 되고 있다는 사실을 자각해야 한다. 그 도면은 지금 어디서 그려지고 있는가? 그 설계자는 누구이고, 그 검토자는 누구이며, 그 사용자는 누구인가?

재차 말하건대 기술은 중립적이지 않다. 그리고 그 비중립성은 기본사회라는 새로운 시스템이 기술과 어떻게 관계 맺을 것인가에 대한 가장 중요한 출발점이 된다. 기술은 계속 진화할 것이다. 흐름을 멈출 수 없다면, 우리는 그 흐름의 방향을 사람 쪽으로 조정해야 한다. 그것을 조정하는 힘은 감시와 견제가 아닌, 윤리와 연대, 그리고 사회적 상상력의 언어에서 나온다. 기본사회는 그 언어를 품고 있다. 그리고 이제 그 언어로 기술을 다시 설계하려고 한다.

### AI의 손길, 삶에 닿다

기본사회는 사람의 곁에 머무는 사회다. 하지만 그 곁에 머무른다는 말은 단지 '위치'의 문제가 아니다. 그것은 누군가의 필요를 알아채는 감각, 불편함을 인식하는 민감성, 그리고 응답할 수 있는 매커니즘을 갖추는 일이다. 그 구조는 행정과 제도만으로는 충분하지 않다. AI, 데이터, 알고리즘이라는 새로운 감각 기관이 사회의 귀와 눈, 손끝이 되어야 한다. 우리는 기술이 감정을 가질 수는 없지만, 감정을 인식하고 모방하고 반응하도록 설계될 수 있다는 사실을 안다. 그리고 그것이 가능한 시대에 기본서비스 역시 더 이상 수동적인 '신청'과 '대상자 분류'의 체계를 넘어서야 한다.

복지는 어려움이 있는 곳에 정책이 먼저 손을 내밀겠다는 약속이다. 하지만 아직도 많은 제도는 도움이 필요한 사람이 스스로 요청할 수 있어야만 도달하는 테두리 안에 갇혀 있다. 기본사회는 이 틀을 바꾸려 한다. 누군가 말하지 않아도 감지하는 시스템, 신호가 미약해도 반응할 수 있는 알고리즘, 사람이 요청하지 않아도 먼저 다가가는 행정. AI는 그런 체계를 가능하게 하는 도구다. 복지 사각지대를 예측하는 기술, 고독사 위험군을 사전에 탐지하는 시스템, 청년의 이탈 가능성을 분석해 사전 개입을 유도하는 알고리즘, 모두 이미 현실에 가까이 와 있다.

서울 마포구와 성동구 등 일부 자치구에서는 복지 사각지대에 놓인 기초생활수급 탈락자나 장기간 연락이 끊긴 고령자를 찾아내기 위해 AI 분석을 활용한 방문 복지 시스템을 운영하고 있다. 단순한 체크리스트를 넘어 이웃과의 관계, 병원 방문 기록, 소비 패턴 등 복합적 데이터를 바탕으로 위험 신호를 감지하는 방식이다. 이런 시스템은 단지 '기계가 사람을 감시하는 기술'이 아니라, '사람이 놓치기 쉬운 사람에게 먼저 다가가는 기술'이다.

하지만 그 기술이 제대로 작동하려면 두 가지 조건이 충족되어야 한다. 첫째는 알고리즘의 방향성이다. 어떤 지표를 중심에 놓을 것인가? 누구의 위험을 우선할 것인가? 사생활을 얼마나 존중하며, 데이터는 어떻게 비식별화될 것인가? 이 모든 설계의 기준은 사람을 향한 윤리적 선택 위에서 이루어져야 한다.

둘째는 기술과 사람의 협력 체계다. AI는 예측을 하지만, 결정은 사람이 한다. 데이터는 위험을 감지하지만, 응답은 돌봄과 연대의 언어로 이뤄져야 한다. 기계가 다가가고, 사람이 손을 내미는 구조, 기본서비스는 그렇게 기술과 사람의 협력 위에 세워져야 한다. 기본사회는 기술이 보완하는 복지, 사람이 이어가는 연대를 동시에 추구한다. 기계는 빠르고 넓게 감지하고, 사람은 천천히, 그러나 깊게 응답한다. 이 협력 메커니즘이 제대로 작동하면, 기본서비스는 더 조용하고, 더 세밀하고, 더 따뜻하게 도달할 수 있다. 청년에게는 멘탈헬스 체크 기반 상담 매칭 서비스가, 노인에게는 식사 패턴을 인식한 영양 경고 시스템이, 한부모 가정에게는 실시간 행정 자동연결 안내가, 기본소득과 기본서비스의 보완 감각으로 작동할 수 있다.

기술이 만든 다정함은 사람이 직접 건넨 위로보다 약할 수 있다. 그러나 그 다정함이 없었더라면 아예 도달하지 못했을 사람에게는 그 작은 다정함이 사회와의 유일한 연결선일 수도 있다. AI가 사람을 대체하진 못하지만, 사람이 더 깊게 응답할 수 있도록 길을 밝혀줄 수는 있다. 기본사회는 알고리즘에 그 역할을 요구한다. 그리고 그 알고리즘이 설계되는 자리에는 윤리와 감각, 그리고 사회적 책임의 언어가 함께 있어야 한다.

기술은 여전히 인간의 도구다. 그러나 그 도구가 사람을 더 잘 이해하고, 사람의 곁에 더 오래 머물 수 있다면, 기술은 단순한 자동화가 아니라 새로운 형태의 돌봄이 될 수 있다. 기본사회는 그 돌봄의 방식을 기술과 함께 설계하려 한다.

### 데이터의 주인은 누구인가

우리는 매일 수많은 데이터를 만들어내고 있다. 무심코 누른 검색어 하나, 출퇴근길의 위치 정보, 어제 클릭한 뉴스 기사와 그 안에서 멈췄던 시간, 온라인 결제, 취향, 속도, 관계, 반응 등등 이 모든 것이 모여 하나의 '디지털 자아', 그리고 그 사회가 작동하는 정보의 토대가 된다. 그러나 정작 우리는 그 데이터의 소유자도 아니고, 그 데이터로 만들어진 가치의 수혜자도 아니다. 우리가 만든 정보는 거대한 플랫폼 기업의 서버에 저장되고, 그 서버는 시장에서 수익을 창출하며, 그 수익은 일부 주주와 알고리즘의 설계자에게만 집중된다.

기본사회는 지금의 방식에 물음을 던진다. 당신의 삶에서 나온 정보는 누구의 것인가? 그 데이터는 누구의 손에 있어야 하는가? 그리고 그로부터 나오는 이익은 어떻게 다시 당신에게 돌아가야 하는가? 이 질문은 기술의 문제가 아니라 정치의 문제이고, 권리의 문제이며, 사회 설계의 문제다. 데이터는 이제 하나의 생존 조건이 되었다. 복지를 설계할 때도, 행정을 자동화할 때도, 위험을 예측하거나 돌봄을 연결할 때도, 우리는 데이터를 기반으로 한다.

그렇다면 데이터는 단지 기업이 거래하는 '상품'이 아니라, 모든 시민이 평등하게 접근하고, 공공의 질서를 설계할 수 있는 기본권의 일부가 되어야 한다. 이런 발상에서 시작된 것이 바로 '디지털 배당'과 '데이터 공유부'라는 개념이다. 우리가 만들어 낸 데이터, 우리가 사용한 플랫폼, 우리가 참여한 디지털 생태계의 수익은 모두에게 돌아가야 한다. 핀란드는 '데이터 계좌제'를 검토 중이다. 개인이 자신의 데이터가 어디에 쓰였는지 확인하고, 그에 대한 보상을 받을 수 있도록 법으로 보장하려는 것이다. 에스토니아는 국가가 플랫폼 기업과의 중재자가 되어 시민의 데이터 주권을 보호하는 공공 시스템을 운영 중이다. 한국

역시 '디지털 권리장전'과 '데이터 3법' 개정 논의를 통해 이 흐름에 다가서야 한다.

그러나 법과 제도보다 먼저 필요한 것은 우리가 데이터를 '권리'로 인식하는 감각이다. 기본소득이 생존을 위한 토대라면, 디지털 배당은 디지털 시대에 어울리는 또 하나의 나눔 방식이다. 우리가 정보를 주었고, 그 정보는 수익을 만들었고, 그 수익이 사회 전체의 자산으로 순환되려면, 그 순환을 가능하게 하는 공유부적 설계가 필요하다. 데이터 공유부는 바로 그것을 가능하게 한다. 특정 기업만의 소유가 아니라, 모두가 함께 만든 것을 다시 모두가 함께 누릴 수 있어야 한다. 그러려면 공공 알고리즘의 원칙을 세우고, 데이터 분배는 투명하게 이루어져야 하며, 개인정보 보호와 시민의 참여도 제도 안에 담아야 한다.

기본사회는 기술을 민주화하려고 한다. 기술은 자동화되고 있지만, 정치는 아직도 뒤따라가고 있다. 그 거리를 좁히는 일은 데이터를 권리로, 정보를 공공재로 다시 바라보는 시민의 감각에서 출발한다. 우리는 이제 더 이상 내가 만든 것을 누군가가 일방적으로 사용하는 사회에 침묵하지 않아야 한다. 그리고 그 반대편에서 함께 만든 것을 함께 나누는 기본사회적 질서를 디지털 시대의 새로운 상식으로 선언해야 한다.

데이터는 이제 선택이 아니라 인간의 권리다. 그리고 권리란 단지 보호받는 것에 그쳐서는 안 된다. 누구나 누릴 수 있어야 하고, 스스로 선택하고 통제할 수 있어야 한다. 데이터는 우리의 삶에서 흘러나온 가장 개인적인 기록이자, 동시에 사회 전체를 움직이는 새로운 자산이다.

기본사회는 바로 이 지점에 주목한다. 기술이 사람을 소외시키는 도구가 아니라 권리를 실현하는 언어가 되어야 한다는 믿음이다. 법과 제도는 그 권리를 보장하는 기둥이 되어야 하고, 공동체는 그것을 지키고 함께 나누는 공간이 되어야 한다. "데이터는 기본권이다"라는 말은 선언에 그치는 것이 아니다. 그것은 우리가 함께 만들어가야 할 사회의 방향이고, 모든 사람이 존엄하게 연결되는 미래의 약속이다.

## 플랫폼 너머의 민주주의

오늘날 우리 사회는 플랫폼 위에 놓여 있다. 은행도, 장보기도, 공부도, 연애도, 심지어 정치적 여론까지 플랫폼이라는 무형의 체계 안에서 형성되고, 유통되고, 조직된다. 그 체계는 눈에 보이지 않지만, 영향력은 거대한 도시보다 크고, 하나의 국가보다 더 빠르며, 정치보다 더 오래 개인의 삶을 지배한다.

문제는 그 플랫폼이 누구에 의해, 누구를 위해 설계되고 있느냐는 것이다. 우리는 지금 플랫폼을 사용하는 사용자이자, 그 안에서 데이터를 생산하는 노동자이며, 그 생태계 안에서 소비하고 반응하는 시민이다. 그럼에도 그 플랫폼이 어떻게 만들어지고 있는지, 그 안의 알고리즘이 어떤 원리로 작동하는지, 그 설계에 시민이 참여할 수 있는 통로는 거의 존재하지 않는다.

기술은 민주적이지 않다. 더 정확히 말하자면, 기술은 민주적으로 설계되지 않는 한 결코 민주적일 수 없다. 기본사회는 이 지점에서 기술에 대한 태도를 바꾼다. 기술을 감시하고 통제하는 것을 넘어서, 기술의 설계 과정에 시민이 참여해야 한다는 원칙을 강조한다. 그리고 그것이 단지 기술 윤리를 강화하자는 수준이 아니라, 기술이 사람을 위한 질서로 기능할 수 있는 가장 필수적인 민주주의의 확장이라고 말한다.

우리는 정치에 참여한다. 선거를 통해 대표를 뽑고, 예산과 법안을 논의하며, 시민단체를 통해 감시하고 비판한다. 하지만 기술은 언제나 이 정치의 바깥에서 작동해왔다. 그 속도는 정치보다 빠르고, 그 결정은 시장의 논리에 따라 움직이며, 그 변화는 우리가 일하고 사는 방식은 물론 서로를 마주하는 장면까지 바꾸어버린다. 그리고 이 비대칭은 기술을 정치 안으로 끌어들이지 않는 한 해소되지 않는다.

기본사회는 이제 기술을 정치의 한 영역으로 받아들여야 한다고 제안한다. 그것은 곧 기술을 시민과 함께 설계하고, 그 결정 과정에 공공성과 투명성을 확보하는 민주적 체계를 만드는 일이다. 유럽에서는 시민들이 직접 참여하는 '알고리즘 위원회'가 구성되고 있다. 이 위원회는 공공 부문에서 활용되는 AI 시스템의 작동 원리를 점검하고, 그 기준이 공정하고 편향되지 않았는지를 분석하며, 필요할 경우 수정을 권고할 수 있는 권한을 갖는다.

서울 성동구와 경기 화성시 등은 배달·돌봄·문화 플랫폼 분야에서 공공성을 강화하기 위해 협동조합 기반의 플랫폼 모델을 시범 운영하거나 실험 중이다. 배달 플랫폼에서 일하는 라이더들이 직접 배송 조건과 수수료 구조를 설계하고, 사용자, 중소상인, 지자체가 함께 디지털 협치의 플랫폼을 공동 운영하고 있다. 이러한 흐름은 기술을 특정 기업의 소유로 고정하지 않고, 사회 전체가 기술의 방향을 함께 결정할 수 있다는 가능성을 보여준다. 기술 민주주의는 전문가 집단을 부정하려는 것이 아니다. 오히려 그 전문성을 시민의 삶과 공공의 감각 속에 자연스럽게 스며들게 하려는 길이다.

우리는 이제 기술 앞에서 물어야 한다. 이 기술은 누구를 위해 설계되었는가? 이 알고리즘은 어떤 기준으로 작동하는가? 이 플랫폼은 어떤 관계를 만들고, 어떤 권력을 강화하는가? 그리고 무엇보다 이 모든 것을 시민과 함께 다시 설계할 수는 없는가? 기술은 사회의 일부가 되었다. 그렇다면 사회는 기술을 다시 품어야 한다. 그리고 그 품는 방식은 감시가 아니라 참여,

비판이 아니라 공유된 설계에서 출발해야 한다.

  기본사회는 기술의 **빠름**을 따라잡으려 하지 않는다. 그 대신 기술의 방향을 사람 쪽으로 되돌리기 위해 느리지만 강력한 민주주의의 손길을 요청한다. 그 손길이 이어질 때, 기술은 이윤의 구조물이 아니라 신뢰의 기반, 공공의 도구, 함께 살아가는 사회의 숨결이 될 수 있다.

5부

# 기본사회의 정치 선언

**12장**

# 기본사회를 향한 새로운 계약

## 복지국가의 계약은 충분한가

우리는 오랜 시간 '복지국가'라는 이름에 희망을 걸어왔다. 국가는 국민의 세금으로 복지를 설계하고, 시민은 그 제도 안에서 안전을 기대하며 살아가는 사회. 그 시스템은 한때 참으로 강력한 신뢰의 언어였고, 현대 사회를 움직이는 윤리의 골격이기도 했다. 하지만 이 질문은 이제 더 이상 미뤄둘 수 없다. "복지국가의 계약은 지금도 여전히 충분한가?"

복지국가는 분명 위대한 약속이었다. 산업화의 속도에 밀려 소외된 이들을 품기 위한 사회적 안전망, 불평등과 가난의 고리를 끊기 위한 제도적 대응이, 수많은 이들의 삶을 살려냈고, 가능성을 보호해주었으며, 한 사회의 품격을 지탱해주는 버팀목이 되어주었다. 그러나 그 제도가 기반하고 있는 '계약'인 국가와 시민 사이의 전제 조건들은 지금 곳곳에서 금이 가고 있다.

복지국가는 기본적으로 '조건부 계약'이다. 일해야 혜택이 주어지고, 세금을 내야 복지를 받을 수 있다. 개인이 책임을 다할 때 국가가 응답한다는 원리는 이성적으로는 정당해 보이지만, 오늘날의 삶의 조건은 더 이상 그러한 전제만으로 설명되지 않는다. 불안정한 노동, 플랫폼 기반의 단기 고용, 간헐적 소득과 불확실한 관계, 그리고 커지는 돌봄의 공백이 상존하고 있다. 수많은 사람들이 여전히 일하고 있음에도 '일하지 않는 자'로 분류되고, 납세의 기회를 얻지 못했단 이유만으로 복지의 문턱에서 밀려난다. 기존의 계약서는 더 이상 이들의 이름을 적어넣지 못한다.

게다가 신뢰의 균열은 단지 제도의 범위에만 있지 않다. 복지국가의 계약은 '국가는 보호하고, 시민은 신뢰한다'라는 암묵적 동의 위에 서 있다. 그러나 그 신뢰는 여러 차례 무너져왔다. 정작 위기가 닥쳤을 때 구멍이 뚫린 제도, 반복되는 실망, 책임 떠넘기기식 행정은 시민의 신뢰를 지치게 했고, 어느새 "국가는 믿을 수 있는 존재인가?"라는 근본적 질문이 마음속에 뿌리내리게 했다.

복지국가는 '국가'라는 하나의 주체를 중심으로 설계된 시스템이다. 반면 지금 우리 사회는 훨씬 더 분산되어 있고, 다층적이며, 시민 개개인의 삶의 결이 너무나 다르다. 누군가는 스마트폰 앱을 능숙하게 다루지만, 누군가는 손끝 하나 차이로 복지 신청의 벽 앞에 가로막힌다. 누군가는 고용 형태 때문에 보험 밖에 있고, 누군가는 돌봄의 시간 때문에 단절되어 있다.

그래서 이제 우리는 복지국가의 기반 위에서 다시 묻는다. 이 계약을 넘어서는 새로운 계약이 필요한 것은 아닐까? 복지국가는 보호를 약속했지만, 기본사회는 연결을 약속한다. 복지국가는 조건을 따졌지만, 기본사회는 존재 자체를 받아들인다. 복지국가는 행정을 통해 지원했지만, 기본사회는 곁을 통해 지지한다. 기본사회는 '당신이 무엇을 했는가'를 묻기 전에, '당신이 거기 있는가'를 먼저 살핀다.

그것은 단지 제도를 바꾸는 일이 아니라, 사회가 사람을 바라보는 시선을 바꾸는 일이다. 계산 대신 공감이, 효율 대신 신뢰가, 조건 대신 존엄이 중심이 되는 새로운 사회적 약속, 우리는 지금 그 약속의 문턱에 서 있다. 그리고 그 문을 여는 것은 더 크고 복잡한 제도가 아니라, 서로를 향한 더 깊은 신뢰감과 책임감일지도 모른다.

## 기본사회는 어떤 계약을 요구하는가

'계약'이란 말은 때로 딱딱하게 들리기도 하지만 사실 사회를 지탱하는 가장 단단한 약속이다. 보이지 않는 손을 믿었던 시장도, 눈에 보이는 제도를 중심에 둔 복지국가도, 결국은 사람과 사람 사이의 계약을 전제로 작동해왔다. 그 계약이 한 사회를 어떻게 만들 것인지, 어떻게 무너뜨릴 것인지를 우리는 충분히 보아왔다.

기본사회가 요구하는 것은 낡은 계약의 연장이 아니라 전혀 다른 차원의 약속이다. 그것은 시장의 거래도 아니고 행정의 절차도 아니다. 그것은 누군가가 누군가에게 무엇을 해주는 방식이 아니라, 모두가 서로의 삶을 연결해 책임지는 방식의 계약이다. 기존의 계약은 주로 '교환'을 전제로 한다. 일하면 보상이 따라오고, 책임을 지면 권리가 주어진다. 그 체계는 명확하고 예측 가능했지만, 삶은 언제나 계약보다 더 복잡하고, 더 가변적이고, 더 예외적이다.

기본사회는 바로 그 예외의 순간들을 끌어안는 계약이다. 아플 때, 일을 그만두었을 때, 돌봄이 필요할 때, 외롭고 불안할 때, 삶의 리듬이 끊어지는 순간에도 그 사람의 존재 자체가 지워지지 않도록 사회가 책임지겠다는 약속이다. 그것은 법률 조항으로만 쓰이지 않는다. 서명과 인감이 아닌, 신뢰와 연대라는 말 없는 서약으로 이루어진다.

기본사회는 누가 기준에 맞는지를 따지기보다 누구도 놓치지 않으려는 마음에서 출발한다. 받을 자격을 증명하라 말하는 대신, 서로의 존재를 잇는 방식이 무엇인지 조용히 되묻는다. 이 새로운 계약은 무엇보다 관계의 감각을 회복하는 데서 시작된다. 거대한 담론이 아니라 작은 연결이며, 거창한 의무가 아니라 조용한 돌봄이다. 복지국가가 조건을 주고받는 계약이었다면, 기본사회는 곁에 있어주는 마음의 약속이다. 그 마음은 무언가를 대신해주는 것이 아니라, 함께 살아가는 일에 자신을 내어주는 것이다.

기본사회는 새로운 제도 이전에 새로운 감수성이다. 사람을 바라보는 방식, 책임을 나누는 방식, 가능성을 열어주는 방식, 그 모든 것이 하나의 사회적 약속으로 묶일 때, 우리는 비로소 묻게 된다. "이제, 어떤 계약이 우리를 사람답게 지켜줄 것인가?" 그리고 그 대답은 더 많은 규칙이 아니라, 더 깊은 관계에서 비롯된다는 사실을, 기본사회는 우리에게 조용히 일러주고 있다.

## 정책에서 제도로

정책은 쉽게 만들어질 수 있다. 보고서를 쓰고, 기획안을 올리고, 예산을 확보하고, 이름을 붙이면 하나의 '정책'은 태어난다. 그러나 제도가 된다는 것은 전혀 다른 차원의 일이다. 그것은 단발적인 시도나 일회성 프로그램을 넘어, 시간을 견디고 사람의 삶에 뿌리내리는 과정이다.

많은 좋은 정책들이 있었지만, 수많은 것들이 사라졌다. 선한 의도로 시작했지만, 정권이 바뀌자 폐기되거나, 예산이 줄자 흐지부지 사라지고, 실무자의 전보 하나로 명맥이 끊긴 것들이 부지기수다. 좋은 생각이 오래가는 틀이 되지 못했을 때, 우리는 그것을 제도화하지 못한 사회라 부를 수밖에 없다.

기본사회는 제도를 신뢰한다. 그러나 그 신뢰는 저절로 주어지지 않는다. 기본사회가 진정으로 작동하려면, 그것이 정책이 아니라 제도가 되고, 일회성이 아니라 일상이 되어야 한다. 제도화란 단지 법령화하는 것이 아니다. 그 제도를 삶이 믿게 만드는 일, 사람들이 그 제도 안에서 관계를 배우고 신뢰를 경험하게 하는 일이다. 그리고 그것이 가능해지려면, 제도는 기술이 아니라 시간으로 설득되어야 한다.

정책은 종종 **빠르다**. 그러나 지속가능성은 느림의 언어로 말한다. 현장에 스며들고, 지역의 언어로 번역되며, 사람들의 생활과 맞닿는 과정을 거칠 때 비로소 정책은 흐름이 되고, 흐름은 시스템이 된다. 기본사회는 중앙에서 일방적으로 설계되는 사회가 아니다. 지역에서 시작되고, 공동체에서 실험되며, 시민의 손끝에서 다듬어지는 사회다. 정책은 법률 이전에 경험이 되어야 하고, 공무원의 책상 위보다 시민의 삶 안에서 더 오래 존재해야 한다.

제도화란 행정 문서의 언어를 사람의 언어로 번역하는 일이다. 무언가를 '실시'하는 것이 아니라 누군가가 '살아보는 것'이다. 그리하여 제도가 곧 관계가 되고, 행정이 곧 믿음이 되며, 시행되는 것이 아니라 체화되는 질서로 바뀔 때, 우리는 비로소 기본사회의 출발선에 선 것이다.

지속 가능성은 법이 아니라 기억에서 비롯된다. 사람들의 마음에 '그 정책이 우리 삶에 필요했다'라는 기억이 남을 때, 그것은 사라지지 않는다. 우리가 바라는 것은 바로 그런 정책이며 그런 제도다.

## 정치 없이는 기본사회도 없다

우리는 종종 '정치'라는 말을 피곤하게 느낀다. 시끄럽고, 복잡하고, 말만 무성한 세계라고 일축한다. 그러나 역설적으로 우리가 피하고 싶을수록 정치는 삶의 더 깊은 곳까지 스며든다. 정치를 외면한다고 해서 정치가 우리를 놓아주는 법은 없다.

기본사회는 제도로만 이루어지지 않는다. 그 제도가 현실이 되기 위해선 정치의 힘이 반드시 작동해야 한다. 권력의 작용 없이 제도는 공허하고, 의지의 부재 속에서 좋은 생각은 공중으로 흩어진다. 그래서 기본사회는 반드시 정치의 문을 통과해야 한다. 사람을 위한 제도는, 결국 사람을 향한 정치가 이끌어야 하기 때문이다.

하지만 이때의 정치는 우리가 흔히 떠올리는 이념의 충돌이나 정당 간의 대립이 아니다. 기본사회가 말하는 정치는 삶의 질서를 새롭게 설계하려는 상상력이고, 서로 다른 삶을 연결하고 조율하려는 공동의 약속이다. 기본소득이든, 기본서비스든, 에너지 배당이든 그 모든 아이디어는 결국 입법이라는 정치적 결단 없이는 공론의 문턱을 넘을 수 없다.

정치는 그저 허락하는 것이 아니라 가능성을 여는 힘이다. 그리고 그 가능성은 어느 한 정당이나 특정 이념의 전유물이 아니라, 시민 한 사람 한 사람이 품고 있는 '더 나은 사회'에 대한 믿음에서 시작된다. 기본사회가 요구하는 정치는 '대변하는 정치'에서 '함께 만드는 정치'로의 전환이다. 누군가가 대신 해주는 정치는 이제 너무 진부하고 낡았다. 시민은 더 이상 단순한 수혜자가 아니라 사회계약의 실질적인 당사자여야 한다.

우리는 정책의 소비자가 아니라 공공의 설계자로 나서야 한다. 정치는 거대한 담론으로만 움직이지 않는다. 지역과 공동체에서, 일상에서 실천되는 작은 정치가 기본사회를 현실로 만드는 가장 강력한 힘이 될 수 있다. 지방정부의 의지, 마을의 실험, 시민의 제안 하나하나가 정치를 다시 그려 나간다.

기본사회는 단지 복지나 행정의 문제가 아니다. 그것은 무엇과 함께 살아갈 것인가에 대한 정치적 선택의 문제다. "누구를 포용하고, 무엇을 우선하고, 어떤 미래를 함께 꾸려갈 것인가?" 그 질문 앞에 침묵하는 사회는 결국 아무도 지켜주지 못한다. 정치는 그 자체로 위험하고, 때로는 부정의 그림자를 드리운다. 그러나 그렇기에 더더욱 좋은 삶을 향한 공동의 열망이 정치로 모아져야 한다.

우리가 정치에 등을 돌릴수록 정치는 더 먼 곳으로 떠난다. 그리고 그 빈자리는 결국 공동체가 감당해야 할 무게로 돌아온다. 정치에 무관심할수록 정치는 점점 소수의 가진 자들 편에 서고, 우리가 전혀 원하지 않던 결과를 초래한다. 기본사회는 정치의 복원 없이는 완성될 수 없다. 시민이 다시 주체가 되고, 제도가 다시 사람을 향하고, 공공의 언어가 다시 삶의 중심에서 울려 퍼질 때, 우리는 비로소 묻게 된다. "우리가 바라는 삶은 어떤 정치 위에 놓여야 하는가?" 그리고 그 질문에 답할 용기야말로 기본사회를 열어가는 첫 번째 정치다.

## 13장
# 기본사회 선언 - 함께 쓰는 미래의 이름

### 선언은 작은 다짐으로 시작된다

 선언은 언제나 역사의 이름으로 시작된 것 같았다. 큰 광장에 모인 사람들, 휘날리는 깃발과 울려 퍼지는 메가폰 소리, 그리고 굵은 활자의 문장들이 선언의 시작을 알리곤 했다. 그러나 우리가 지금 다시 써야 할 선언은 그와 조금 다르다. 이제는 책상 위에서, 골목길에서, 식탁과 병원 대기실, 동네 마을회관의 낡은 의자 옆에서, 천천히 그리고 조용히 시작되는 선언이 필요하다.

 선언은 거창한 문장에서 시작되는 것이 아니라, 삶을 향한 아주 작은 다짐에서 시작된다. 누군가를 대신하지 않겠다는 마음, 누군가를 홀로 두지 않겠다는 다짐, 그리고 함께 살아가겠다는 단순하지만 묵직한 약속이 하나의 선언이 되고, 그 선언은 곧 사회가 되며, 그 사회는 우리가 함께 살아갈 미래의 얼굴이 되어간다. 우리는 이제 안다. 정책만으로는 충분하지 않다는 것을. 제도가 그 틀을 갖추더라도, 그 안에 사람의 마음이 흐르지 않으면 그것은 단지 종이에 적힌 기술에 불과하다는 것을.

기본사회는 제도보다 먼저 감각에서 태어난다. 그 감각은 타인의 불안을 알아채는 능력이고, 지워진 존재를 다시 불러내는 눈길이며, "당신이 거기 있어줘서 다행입니다"라고 말할 수 있는 사회적 언어다. 이제 필요한 것은 혁명이 아니다. 거대한 도약도 아니다. 오히려 삶을 지키는 아주 작은 약속 하나를 오래 기억하는 일이며, 그 약속이 서로를 향해 번져나가게 하는 일이다. 기본사회는 그래서 말보다 마음이 먼저 움직이는 사회다.

그 선언은 대통령의 연설로 시작되지 않는다. 정당의 강령으로 완성되지도 않는다. 그 선언은 한 사람의 작은 결심에서 시작된다. 어느 날 당신이 자신의 소비보다 이웃의 생존을 먼저 걱정했을 때, 어떤 청년이 '나는 언젠가 괜찮아질 수 있다'라고 믿을 수 있게 되었을 때, 낯선 노인을 위해 누군가가 마음의 문을 열어줄 때, 바로 그 순간 선언은 이미 시작된 것이다.

우리는 묻는다. 우리가 원하는 세상은 정말 어디에 있는가?

거대한 시스템과 거창한 공약들 속에 있는가? 아니면 지금 이 순간에도 누군가의 마음속에서, 아무 말 없이 실천되고 있는 그 작고 선한 다짐 속에 있는가?

기본사회는 말의 높이보다 마음의 깊이에서 시작된다. 조용한 다짐이 모이고, 한 사람의 용기가 또 다른 사람의 희망이 되며, 그 희망들이 서로 얽히고 포개져 하나의 사회적 선언이 된다. 그 선언은 문서에 남기지 않아도 된다. 이 책에 밑줄을 그어 남기지 않아도 괜찮다. 당신의 눈길이 누군가를 기억하고, 당신의 손끝이 삶을 다시 건드릴 때, 기본사회는 이미 시작된 것이다.

### 삶으로 증명되는 기본사회

우리는 오래도록 '말'로 세상을 움직이려 했다. 공약으로 세상을 설득하고, 강령으로 방향을 제시하며, 약속과 문서로 변화를 이끌 수 있다고 믿었다. 제도를 만든다는 것은 곧 언어를 구성하는 일이었고, 그 언어를 바탕으로 사람들의 삶이 바뀌기를 바랐다. 하지만 기본사회는 다르다. 기본사회는 말로 시작되지 않는다. 삶에서 시작되고, 삶으로 증명된다. '기본소득'이라는 말이 아무리 아름다워도, 그 돈이 절박한 어느 날의 식사 한 끼가

되지 않는다면, 그것은 현실에 닿지 않는 희망일 뿐이다. '기본서비스'라는 말이 아무리 공정해 보여도, 정작 그 서비스가 닿아야 할 손길에 닿지 않는다면, 그것은 제도이되 사회는 아니다.

기본사회는 말보다 먼저 살아 있는 일상의 언어로 증명되어야 한다. 정책의 이름보다 사람의 이름이 먼저 불려야 하고, 제도의 완성보다 한 사람의 회복이 더 중요하게 여겨져야 한다. 기본사회는 거대한 구조물이 아니다. 사람이 사는 곳이면 어디에서든 조용히 시작될 수 있는 작고 깊은 틈이다. 바쁜 아침 아이에게 따뜻한 우유 한 잔을 건넬 수 있게 하는 제도, 질병으로 일을 그만두었을 때, 삶이 무너지지 않도록 붙잡아주는 손, 노인이 외롭지 않게, 청년이 두렵지 않게, 사람과 사람이 서로의 사정을 알아채는 사회, 그것이 바로 기본사회다.

그렇기에 기본사회는 '실현되었다'라고 선언할 수 없다. 그 사회는 언제나 진행형이며, 관계 속에서만 존재하는 이름 없는 삶의 방식이기 때문이다. 기본사회는 '있는가'와 '없는가'로 나뉘지 않는다. 그것은 어떤 지역에서는 이미 시작되었고, 어떤 마을에서는 벌써 실험 중이며, 어떤 사람의 마음속에서는 조용히 꿈틀거리고 있다. 지표로 측정할 수 없고, 경제 수치로 환산되지 않지만, 그 사회는 누군가의 일상에서 조금씩 자라나고 있다. 마을의 주민들이 태양광 수익을 나누는 방식으로, 지자체가 디지털 소외계층을 위해 AI 안내서를 만들기 시작하는 순간으로, 청년이 기본소득으로 도서관에 갈 수 있게 되었던 작은 경험 하나로, 그 모든 조각이 모여 우리가 말하지 않고도 살아내는 선언이 된다.

말은 설득하지만, 삶은 감동을 남긴다. 그래서 기본사회는 슬로건이 아니라, 사람이 서로를 감싸며 살아가는 방식으로서의 문장이다. 기본사회는 증명될 수 있다. 그러나 그것은 정책 보고서가 아니라, 우리가 살아본 이야기 안에서만 가능하다. 그리고 그것이야말로 기본사회가 말이 아닌 삶의 증명으로 존재해야 하는 이유다.

## 지금, 여기서 시작한다

우리는 그동안 무언가를 '기대며' 살아왔다. 언젠가는 나라가 더 잘해줄 것이라는 믿음, 누군가가 해결해줄 것이라는 막연한 희망, 다음 세대는 나아질 거라는 반복된 다짐. 정책은 멀고, 변화는 더디고, 현실은 여전히 날카로웠지만, 우리는 기다리는 데 익숙해졌다. 기초생활보장제도가 언젠가 다 품어줄 거라고, 청년정책이 제대로 만들어지기만 하면 괜찮아질 거라고, 한 번쯤은 우리 차례가 올 거라고, 우리는 그렇게 '나중'이라는 단어에 삶을 접어두고 살아왔다.

그러나 이제는 알게 되었다. 나중은 오지 않을 수도 있고, 기다림은 늘 더 기다림을 불러올 뿐이라는 것을. 기본사회는 뒤를 기대는 사회가 아니다. 기본사회는 지금 여기에서 나와 너, 우리가 함께 시작하는 사회다. 그것은 완벽한 제도에서 출발하지 않는다. 그저 작고 불완전한 실천 하나로 시작된다. 지역에서 먼저 해보는 실험, 지자체의 적은 예산으로 만들어낸 마을 돌봄, 중앙정부보다 먼저 사람을 향해 열린 정책, 기본사회는 그렇게 누군가의 선의가 아니라, 우리 안의 용기에서 시작된다. 기다림을 멈추고, 지금 우리가 할 수 있는 일부터 시작할 때, 비로소 삶은 변화의 중심으로 옮겨온다. 어디에서 먼저 하든, 누가 먼저 만들든, 그 변화는 복제되고 전파되고 확산된다.

기본사회는 '중앙'이라는 출발점이 필요 없는 사회다. 그것은 주변에서부터, 아래에서부터, 삶의 가장 낮은 자리에서부터 천천히 자라나는 사회다. 우리는 더 이상 거대한 설계를 기다리지 않는다. 더 이상 국가의 완성본을 손꼽아 기다리지 않는다. 그 대신 우리는 다음과 같은 질문을 스스로에게 던진다.

"지금 이 자리에서, 내가 바꿀 수 있는 건 무엇인가?"
"우리 마을에서, 지금 필요한 것은 무엇인가?"
"이 정책이 누군가에게 닿게 하려면, 나는 무엇을 할 수 있는가?"

기본사회는 그런 질문에서 태어난다. 책상 위가 아니라 현장의 체온에서, 보고서가 아니라 사람의 목소리에서, 지시가 아니라 책임 있는 참여에서 시작된다. 기본사회는 누구의 뒷모습을 따라 걷지 않는다. 그 길은 스스로 만들어야 할 길이고, 함께 열어가야 할 공간이며, 우리 모두의 손이 닿을 수 있는 거리에 있어야 한다.

우리는 이제 뒤를 기대지 않는다. 앞을 내다보며, 옆을 돌아보며, 함께 걸어가는 길 위에서 서로의 발걸음이 조금씩 맞춰질 수 있도록 지금 여기에서 시작할 뿐이다. 그리고 그 시작이 누군가의 삶을 바꾸었다면, 그 사회는 이미 시작된 것이다.

## 함께 만드는 기본사회

이제 우리는 알고 있다. 어떤 제도도, 어떤 정책도, 어떤 거대한 설계도 완전할 수 없다는 것을. 사회는 언제나 예외를 만들고, 제도는 때때로 그 예외를 담지 못한다. 하지만 그 틈을 메우는 것이 바로 사람의 마음이고, 함께하는 손길이며, 연결된 시선이다. 기본사회는 누군가가 미리 만들어 완성해주는 것이 아니다. 누구도 그것을 혼자 만들 수 없다. 기본사회는 우리가 각자의 자리에서 쓰는 문장, 각자의 마음으로 지어 올리는 구조물이다. 그 형태는 특별하지 않다. 마을의 경로당을 함께 청소하는 어르신들의 손에서도, 복지관 안내판을 손글씨로 바꾸는 청년의 마음속에서도, 긴 대기시간 끝에 돌아온 응급실 앞에서 누군가에게 자리를 양보한 익명의 시민 안에서도, 기본사회는 이미 조용히 그러나 분명히 살아 숨 쉰다.

기본사회는 한 사람의 이름이 아니라 모두의 이름으로 완성된다. 그 이름은 유명한 정치인의 것도, 저명한 사상가의 것도 아니다. 그 이름은 버스를 기다리는 청년의 이름일 수 있고, 하루를 견디고 돌아온 비정규직 노동자의 이름일 수 있으며, 치매로 길을 잃은 어머니의 손을 잡아준 낯선 사람의 이름일 수 있다.

우리는 묻는다. 이 사회는 누구의 이름으로 지어졌는가? 경제를 일으킨 사람들의 이름인가? 역사를 이끈 인물들의 이름인가? 아니다. 진짜 사회는 이름 없이 살아낸 사람들, 작은 선의를 오래 품은 사람들의 손으로 빚어졌다. 그리고 이제 우리는 그 이름을 빌려 다시 쓰고자 한다.

기본사회는 단지 제도의 진보가 아니라, 사회의 감각이 달라지는 일이다. 눈에 띄는 것만이 아니라, 보이지 않던 것들까지 함께 보는 눈을 갖는 것, "당신은 여기에 있어도 된다"라고 말해줄 수 있는 사회, 그 말 하나로 누군가의 삶이 무너지지 않는 사회, 기본사회는 그렇게 우리가 서로를 기억하는 방식으로 완성된다.

그 완성은 어떤 제도적 문장으로 끝나지 않는다. 오히려 그 완성은 지금 이 책을 읽고 있는 당신이 한 사람의 얼굴을 떠올리는 순간 시작된다. 당신이 떠올린 그 사람은 누구인가? 함께 울고 웃었던 가족일 수도 있고, 지하철에서 스친 노숙인일 수도 있고, 당신 안에 있는 과거의 나 자신일 수도 있다. 그 모든 존재는 기본사회가 지켜야 할 이유이고, 함께 가야 할 동반자이며, 그 자체로 하나의 존엄한 선언이다.

우리는 선언한다. 모두가 존중받을 수 있는 사회를, 누구도 혼자 버텨야 하지 않는 사회를, 작은 연결이 거대한 변화를 만들 수 있다는 희망을, 그 희망을 버리지 않겠다는 서명 없는 약속을, 우리는 오늘 이 자리에서 맺는다. 그리고 그 약속은 이 책의 마지막 장이 아니라, 당신의 삶 속에서 시작되는 첫 문장이 될 것이다.

## 에필로그

## 느리지만 함께 가는 길

　우리는 모두 길 위에 서 있습니다. 어떤 이는 앞서 걷고, 어떤 이는 잠시 숨을 고르며, 어떤 이는 두리번거리다 이 길이 맞는지 되묻습니다. 그러나 분명한 것은 우리는 각자의 걸음을 통해 같은 미래를 향해 가고 있다는 사실입니다.

　그 미래는 아직 오지 않았지만, 오고 있습니다. 그 미래는 아직 낯설지만, 우리가 상상하는 만큼 닮아갈 것입니다. 『기본소득을 넘어 기본사회로』라는 이 책은 하나의 주장이라기보다, 하나의 문을 여는 손짓이었습니다. 기본소득은 단지 돈을 나누자는 말이 아니었습니다. 그 돈이 누군가의 삶에 어떻게 힘이 되고, 또 그 힘이 사람과 사람을 어떻게 이어줄 수 있는지를 묻는 이야기였습니다. 기본사회도 마찬가지입니다. 서로를 돌보는 일이 더 이상 특별한 일이 아니라, 우리가 함께 살아가기 위해 당연한 일이 되기를 바라는 마음입니다. 하지만 우리는 어느새 사람을 돌보는 일을 정치에서 지워버렸고, 사람의 존엄을 경제와는 별개의 문제로 생각하기 시작했습니다.

그러나 우리는 알고 있습니다. '사람이 먼저'라던 말이 비단 선거철의 수사가 아니라 진심이 될 수 있는 시대가 올 수 있다는 것을. 그것은 우리가 서로를 다시 발견할 때 비로소 시작됩니다. 기본사회는 완성된 미래상이 아닙니다. 그것은 매일의 선택 속에서 점 하나씩 찍어가는 거대한 드로잉이고, 누군가가 먼저 시작한 작은 실험에 또 다른 누군가가 용기를 보태며 완성해가는 느린 건축입니다.

모두를 위한 삶은 어느 날 갑자기 굴러들어 오지 않습니다. 그것은 우리가 서로를 기다려주는 시간 속에서, 서두르지 않고도 도착할 수 있는 미래로 천천히 다가옵니다. 어떤 날은 외롭고, 어떤 날은 앞이 보이지 않을 때도 있겠지만, 그럴 때마다 꼭 기억해주세요. 우리는 혼자가 아닙니다. 서로가 있기 때문입니다. 이 책을 손에 들고 마지막 페이지를 함께 넘기는 지금, 우리는 이미 기본사회의 동행자가 되었기 때문입니다.

누구도 뒤처지지 않게 걷는 것, 그것이 기본사회의 시작입니다. 이제는 우리가 물을 차례입니다. "나는 어떤 사회를 꿈꾸는가?" 그리고 함께 말할 차례입니다. "당신과 나, 우리 모두가 함께 살아갈 수 있는 사회를 만들자"라고.

말뿐인 약속이 아닌, 살아 있는 선언을 이제는 우리가 쓰기 시작해야 합니다. 그 길의 이름은, 기본사회입니다. 우리 모두의 이름으로 써 내려가는 느리지만 확실한 길, 이제 그 길을 함께 걸어갑시다.

지금 이 순간에도 어딘가에선 기본이 흔들리는 누군가가 있습니다. 치료받지 못하고, 배우지 못하고, 쉬지 못하고, 살고 있지만 살아 있는지조차 실감하지 못하는 이들. 우리는 그들을 외면하지 않고 그들의 삶을 지켜주는 작은 울타리가 되기로 함께 다짐할 수 있을까요?

기본사회는 미래의 유토피아가 아닙니다. 그건 지금 여기 이 자리에서 우리가 함께 시작할 수 있는 '가장 작지만 가장 확실한 내일'의 형상입니다. 언젠가 당신이 아플 때, 언젠가 당신이 실패할 때, 언젠가 당신이 고립되었을 때, 이 사회가 이렇게 말해줄 수 있었으면 합니다. "괜찮아. 네가 여기 있다는 것만으로 충분해." 그 말을 듣는 순간, 우리는 모두 다시 한번 살아갈 수 있습니다. 기본은 결국, 사람입니다.

도움받은 자료들

1. 기본소득 관련 주요 문헌 및 자료
- 가이 스탠딩(2018), 안효상 옮김, 『기본소득 - 일과 삶의 새로운 패러다임』 창비.
- 강남훈(2019), 『기본소득의 경제학』 박종철출판사.
- 강남훈(2024), 「에너지 전환과 공유부 기본소득」 『기본사회포럼 1차 릴레이 토론회』 국회기본사회포럼.
- 금민(2020a), 「경제 전환을 위한 공유부 배당형 기본소득 - 햇빛 바람 연금을 중심으로」 『국회기본소득연구포럼 창립총회 자료집』 국회 기본소득 연구포럼.
- 금민(2020), 『모두의 몫을 모두에게』 동아시아.
- 김능현(2023), 『AI시대 복지 패러다임의 전환, 기본소득』 메이킹북스.
- 김찬휘(2022), 『기본소득 101』 BOOK JOURNALISM.
- 다니엘 라벤토스(2016), 이재명 옮김, 『기본소득이란 무엇인가』 책담.
- 말콤 토리(2020), 이영래 옮김, 『왜 우리에겐 기본소득이 필요할까』 생각이음.
- 백승호(2020b), 「기본소득 논쟁 제대로 하기」 『기본소득 담론회』 경기도지속가능발전협의회.
- 오준호(2023), 『사명이 있는 나라』 미지북스.
- 의회정보실 국외정보과(2018), 「영국의 기본소득정책 논의 및 시행 현황」 국회도서관.

- 이건민(2020), 「핀란드 기본소득 실험 이해하기: 배경, 설계, 결과, 평가」, 정치경제연구소 대안.
- 제레미 리프킨(1996), 이영호 옮김, 『노동의 종말』, 민음사.
- 최경준(2021), 『이재명과 기본소득』, 오마이북.
- 토머스 페인(2023), 정균승 옮김, 『토지 분배의 정의』, 프롬북스.
- 필리프 판 파레이스·야니크 판데르보흐트(2018), 홍기빈 옮김, 『21세기 기본소득』, 흐름출판.
- 홍종호(2023), 『기후위기 부의 대전환』, 다산북스.
- Brent Ranalli(2021), *Common Wealth Dividends*, Palgrave.
- Basic Income Earth Network(BIEN) 공식 웹사이트.
- OECD(2020), *Basic Income as a Policy Option: Can It Add Up?*, OECD Publishing.

2. 기본서비스 및 기본사회 관련 자료

- 김성용·김세준(2023), 『기본적인 삶이 보장되는 기본사회』, 도서출판 등.
- 김용창(2022), 「구조적 자산불평등 시대 주거복지 체제 전환 전략」, 『지리학논총 제68호』.
- 민주연구원(2025), 『기본사회 Handbook』, 민주연구원.
- 보건복지부(2023), 『제3차 국민기초생활보장 종합계획(2024~2026)』, 보건복지부.
- 이건민(2021), 「최근 기본소득 논쟁의 몇 가지 교훈」, 『계간 <기본소득> 2021 봄』.

· 이한주·은민수·김정훈·신영민(2025), 『기본사회』 다반.

3. 에너지 전환 및 공유부 관련 자료
· 마리아나 마추카토(2025), 이가람 옮김, 『미션 이코노미』 이음.
· 케이트 레이워스(2018), 홍기빈 옮김, 『도넛 경제학』 학고재.
· Mariana Mazzucato, 『가치의 이단자들 - 공공이 만든 부, 사적 이익이 가져간 부』 민음사, 2021.
· 공익재단법인 전력거래소, 「신재생에너지 거래 현황 및 제도 분석 보고서」 2023.
· 산업통상자원부, 「제10차 전력수급기본계획」 2023.
· 한국에너지공단 신·재생에너지센터(2022), 『2022 주민참여형 재생에너지 우수사례집』.
· 서울연구원, 「에너지 전환시대, 공공성과 에너지 민주주의」 2021.
· Brent Ranalli(2021), *Common Wealth Dividends*, Palgrave.

4. AI와 디지털 공유부 관련 자료
· 박태웅(2025), 『AI강의 2025』 한빛비즈.
· 살만 칸(2025), 박세연 옮김, 『나는 AI와 공부한다』 알에이치코리아.
· 씨익북스 편집부 2팀(2025), 『미래의 일과 사회적 경제』 아쿠아북스.
· 씨익북스 편집부 2팀(2025), 『포스트자본주의: 새로운 경제의 지평』 타우루스.
· 크리스틴 로젠(2025), 이영래 옮김, 『경험의 멸종』 어크로스.
· 하정우·한상기(2025), 『AI전쟁 2.0』 한빛비즈.

· Ai100연구소(2025), 『2025 AI 트렌드 100』 골든래빗.

## 5. 기타 기사, 보고서 및 참고자료

· 각 기초지방자치단체 홈페이지 및 온라인 언론사 보도자료.
· 경기도청(2025), 「농촌기본소득 시범사업 보고」 경기도청 발표자료.
· 복지국가소사이어티, 기본사회 관련 포럼 및 정책자료.
· 서울시, 화성시 등 지방정부의 지역 기반 기본서비스 시범정책 관련 문서.
· 한겨레·경향신문·한국일보 등 주요 일간지의 기본소득·기본사회 관련 칼럼 및 기획 기사, 2020~2024.
· 한국보건사회연구원, 「사회서비스 혁신과 기본서비스 확장 전략」, 2022.
· Yang, J. (2025), *Attitudes Towards Universal Basic Income in Korea Before and After the COVID-19 Pandemic*, Basic Income Studies, DOI:10.1515/bis-2023-0039.

■ 참고: 이 자료 목록은 『기본소득을 넘어 기본사회로』 집필 과정에서 아이디어를 형성하거나 인용한 1차·2차 자료들을 중심으로 구성하였으며, 실제 정책 실험과 이론적 배경, 윤리적 상상력을 풍부하게 하는 데 기여한 다양한 분야의 자료들을 아우릅니다.

## 기본소득을 넘어 기본사회로

**1판 1쇄 찍음**  2025년 7월 23일
**1판 1쇄 펴냄**  2025년 7월 30일

**지은이**  정균승
**펴낸이**  조윤규
**편집**  민기범
**디자인**  홍민지

**펴낸곳**  (주)프롬북스
**등록**  제313-2007-000021호
**주소**  (07788) 서울특별시 강서구 마곡서로 152, 두산더랜드타워 상가 A동 320호
**전화**  영업부 / 기획편집부 02-3661-7283 | 팩스 02-6455-7286
**이메일**  frombooks7@naver.com

**ISBN**  979-11-94550-08-2 (03300)

- 잘못 만들어진 책은 구입하신 서점에서 바꿔드립니다.
- 이 책에 실린 모든 내용은 저작권법에 따라 보호를 받는 저작물이므로 무단 전재와 무단 복제를 금합니다. 이 책 내용의 전부 또는 일부를 사용하려면 반드시 출판사의 동의를 받아야 합니다.
- 원고 투고를 기다립니다. 집필하신 원고를 책으로 만들고 싶은 분은 frombooks7@naver.com로 원고 일부 또는 전체, 간략한 설명, 연락처 등을 보내주십시오.